novum pocket

Jonathan Stumpf

Hummeln im Arsch

Abenteuer eines Getriebenen

novum 🔖 pocket

Bibliografische Information
der Deutschen Nationalbibliothek:

Die Deutsche Nationalbibliothek
verzeichnet diese Publikation in der
Deutschen Nationalbibliografie.
Detaillierte bibliografische Daten
sind im Internet über
http://www.d-nb.de abrufbar.

Alle Rechte der Verbreitung, auch
durch Film, Funk und Fernsehen, fotomechanische Wiedergabe, Tonträger, elektronische
Datenträger und auszugsweisen
Nachdruck, sind vorbehalten.

Gedruckt in der Europäischen Union
auf umweltfreundlichem, chlor- und
säurefrei gebleichtem Papier.

© 2025 novum publishing gmbh
Rathausgasse 73, A-7311 Neckenmarkt
office@novumverlag.com

ISBN 978-3-903468-94-8
Umschlagfoto:
Soldaten der Internationalen Legion
während einer Aufklärungsmission im
Donbass im Frühsommer 2023,
Jonathan Stumpf
Umschlaggestaltung, Layout & Satz:
novum Verlag

www.novumverlag.com

Inhaltsverzeichnis

Wenn das Paradies zur Hölle wird 8

Unter Spargelstechern 12

Eskapaden am Zuckerhut 22

Auf Rhein und Neckar 34

Unter Mafiosi im Libanon 40

In Europas letzter Diktatur 48

Durchs wilde Pakistan 53

Eine Verkettung unglücklicher Umstände 63

Ein Landgang im Elsass 67

Im Osten nichts Neues 73

An der Front 78

Pforzheimer Nächte 84

Beim Wanderzirkus 89

Wieder Wasser unterm Arsch 93

Ein Rendezvous mit König Alkohol 97

Die Toten von Dison 100

Endlich Tellerwäscher! 103

Die Londoner Stadtmusikanten 107

Der lange Weg nach Osten 117

So riecht der Krieg 121

In der Kiewer Oper 127

Stille Tage am See 131

Zigeuner unter Zigeunern 137

Der Würfel ist geworfen 141

Winterkrieg bei Kupjansk 146

Garnison in der Hauptstadt 150

Auf Messers Schneide 155

Bei der Zigeunerartillerie 160

Kampf um Tschassiw Jar 164

meinen Freunden in nah und fern

Wie kleine Glühwürmchen standen die Zigaretten in der Dunkelheit.
Hinter jeder zogen unbedeutende Gedanken durch eine angegraute Beamtenstirn. […]
Ich erhaschte einige Bruchstücke von den Gesprächen, die leise geführt wurden.
Da ging es um Krankheiten, Geldsorgen und allerlei häusliche Nöte. Jedes Wort ließ die kalte Gefängnismauer ahnen, hinter der diese Leute sich selbst eingeschlossen hatten.

Antoine de Saint-Exupéry

Wenn das Paradies zur Hölle wird

Die Boote der griechischen Küstenfischer schaukeln in der leichten Dünung. Die meisten hätten schon lange einen neuen Anstrich nötig, aber auf Lesbos geht es gemütlich zu. Im Fischereihafen von Mytilene scheint buchstäblich die Zeit stehengeblieben zu sein. Das heißt, sie schiene stehengeblieben zu sein, wenn da nicht all die Migranten wären. Junge Afghanen und Syrer hauptsächlich, die in kleinen Gruppen herumlungern oder einzeln durch die Gassen schlurfen. Sie prägen inzwischen das Stadtbild mindestens ebenso sehr wie die einheimischen Ladenbesitzer, die tagein, tagaus auf Klappstühlen vor ihren oft winzigen Läden hocken. Immer ein freundliches Lächeln auf den von der Sonne gegerbten Gesichtern.

Eine Frau mittleren Alters winkt uns in ihren Laden. Sie spricht Hessisch wie eine Eingeborene von der Lahn. Dreißig Jahre hat sie in der Bundesrepublik gelebt. „Es ist schlimm, was zurzeit hier passiert," sagt sie und stemmt die Arme in die Hüften, als ob sie damit das Gesagte unterstreichen wolle. „Jeden Tag kommen neue Migranten auf die Insel." Sie und die anderen Insulaner seien nicht ausländerfeindlich, aber zu viele seien eben zu viele. Auch würde mittlerweile viel geklaut. Ein Problem, das es vorher auf Lesbos praktisch nicht gegeben habe.

Natürlich soll die Lesbierin, die uns so tapfer Rede und Antwort steht, nach allen Regeln der Kunst abgelichtet werden. Da ich von dieser Kunst nichts verstehe, nimmt Mario, mein

Kollege, die dafür nötigen Einstellungen an seiner Kamera vor. Was das angeht, ist er Perfektionist. Es ist just in diesem Augenblick, dass wir eine Gruppe von Schwarzvermummten bemerken, die direkt auf uns zuhält. Manche tragen Motorradhelme, andere halten sie in der Hand. Dann das Klacken eines ausfahrenden Teleskopschlagstocks. Spätestens jetzt wissen wir, dass sie in dem Geschäft nichts kaufen möchten. Während zwei Fotojournalisten aus Österreich geistesgegenwärtig das viele Tausend Euro teure Equipment aus der Gefahrenzone tragen, springen Mario und ich auf die Straße, um den Überfall abzuwehren. Wir tänzeln vor und zurück, aber im Gegensatz zu Mario vernachlässige ich meine Deckung völlig, weil ich nur daran denke, Treffer zu landen. Das größte Problem ist die Überzahl der Gegner, nicht ihre Bewaffnung. Paukt man sich auf einen Kopf ein und wird die Person, zu der dieser unglückliche Kopf gehört, infolgedessen ein paar Meter zurückgedrängt, erhält man Faust- und Schlagstockhiebe von hinten oder von der Seite. Mindestens einmal trifft mich ein Motorradhelm am linken Auge, was ganz schön scheppert. Aber Schmerzen gibt es im Adrenalinrausch nicht. Kurz gehen Mario und ich zu Boden, dann sind wir wieder auf den Beinen. Auf den Überwachungskameras ist zu sehen, wie ich mehrfach mit einem Teleskopschlagstock am Kopf getroffen werde, aber von einer Platzwunde merke ich zunächst nichts. Da die beiden Österreicher nun in den Kampf eingreifen und wir uns um den Ladeneingang gruppieren, der gut zu verteidigen ist, zieht sich das Schlägerkommando der griechischen Antifa zurück.

Erst jetzt merke ich allmählich, dass das Blut pulsierend aus meinem Kopf hervorquillt. Ich taste nach dem Leck in meinem Schädel und stopfe es mit der flachen Hand. Fabian, einer der Österreicher, begutachtet derweil den Verbandskasten, den ein couragierter Ersthelfer herbeigeschafft hat. Er ist es auch, der mir den Kopfverband anlegt. Nachdem wir eine Zeitlang in Erwartung weiterer Angriffsversuche vor dem Ladeneingang gestanden haben, arbeitet sich ein junger bärtiger Grieche durch die Menge von Schaulustigen und gibt sich als Zivilpolizist zu erkennen. Er ist sehr höflich und verlangt von uns, ihm zu folgen. Nun treffen auch nach und nach mehrere Einsatzfahrzeuge der Polizei vor Ort ein. Während Mario und die beiden Österreicher auf dem Polizeirevier zu Protokoll geben, was sich zugetragen hat, geht es für mich erst einmal ins Spital.

Verschiedene Zimmer gibt es in der Notaufnahme nicht, sondern nur Vorhänge, die die einzelnen Betten voneinander trennen. Es wimmelt auf diesen Krankenbetten nur so von Migranten. Griechische Patienten sehe ich nicht, dafür aber ein knappes Dutzend griechischer Krankenschwestern. Sie denken sich wohl: „Schon wieder ein Ausländer." Mir wird zu verstehen gegeben, ich solle mich auf ein Bett legen und oben herum frei machen. Mein tätowierter Oberkörper stößt bei allen Krankenschwestern auf reges Interesse, sogar bei denen, die sich eigentlich um andere Patienten zu kümmern haben. Vielleicht ist es noch das Adrenalin, das nachwirkt, jedenfalls verbringe ich in diesem Spital ein paar der glücklichsten Stunden meines Lebens. Selbst noch das Nähen meiner Kopfhaut bereitet mir das größte Vergnügen.

Ich bekomme ein Rezept für Penicillin und soll mir in einer Apotheke zeitnah eine Tetanusspritze in den Allerwertesten verpassen lassen. Dieses Prozedere kenne ich noch aus Lagos, Nigeria, wo ich mir auf der Flucht vor einem aufgebrachten Mob mal versehentlich die linke Hand und das rechte Handgelenk aufgespießt habe. Beim Überklettern einer mit eisernen Spitzen bewehrten Mauerkrone. Zunächst geht es aber auf die Polizeiwache, wo meine Freunde bereits alles zu Protokoll gegeben haben. Eine Polizistin legt mir ein Schriftstück auf Griechisch vor, das ich anstandslos unterschreibe. Alle sind bestens gelaunt und der Polizeihauptmann, ein hagerer Mann mit einer großen, geschwungenen Nase, fragt lachend, ob ich Boxer sei. Er habe ein Video gesehen, auf dem der Rothaarige und ich ordentlich gegen die Angreifer ausgeteilt hätten. Der Rothaarige, das ist Mario. Dazu führt sein Kollege, ein gemütlicher, leicht pummeliger Mann mit Vollbart, grinsend einen linken und einen rechten Haken aus.

Während der vielen Stunden, die wir auf der Wache zubringen, werden mehrere Orientalen in Handschellen vorgeführt, die offensichtlich mehr verbrochen haben, als illegal die Grenze zu übertreten. Einen Höhepunkt stellt der Besuch eines norwegischen Journalisten dar, der unserem gemütlichen Beamten allerlei dämliche Fragen stellt. Als er bereits im Begriff ist zu gehen, fällt ihm noch eine letzte dumme Frage ein: „Stimmt es, dass sich deutsche Neonazis auf der Insel aufhalten, um Flüchtlinge und Flüchtlingshelfer zu jagen?" Er habe das im Internet gelesen. Unser gemütlicher Beamter schüttelt bedächtig den Kopf und wir werfen uns verstohlene Blicke zu. Kaum ist der Norweger aus der Tür, müssen wir leise kichern. Gelogen hat der Polizist nicht, denn wir sind weder Neonazis noch auf der Jagd nach Flüchtlingen.

Unter Spargelstechern

Eine Handvoll Personen aus aller Herren Länder sitzen um den kleinen Tisch einer rustikal eingerichteten Bauernstube im Schwabenland, über deren Eingang ein Wandteller mit der Aufschrift „Unser täglich Brot gib uns heute" prangt. Da ist ein alter Pole, der gerade seine tägliche Dose Wurst verspeist. Da ist Sandro, ein Koch aus Sachsen, der die letzten vier Jahre als Wanderarbeiter keine Miete bezahlt hat und sich eigentlich in diesen Tagen auf Sylt eine goldene Nase verdienen wollte. Doch dann kam Corona, sodass er nun mit uns als Spargelstecher den Rücken krumm machen muss. Da ist Sorin, ein alter Rumäne, der nach der Wende in die Bundesrepublik gekommen ist und sich vom Tellerwäscher zum Oberkellner hochgearbeitet hat, ehe er sich infolge der Hysterie um das Wuhan-Virus nun zum Erntehelfer degradiert sieht. Er hat ein Kreuz wie ein Schrank und seine Geschichten aus Tellerwäscherzeiten erinnern frappierend an die Erlebnisse, die George Orwell in seinem autobiografischen Buch *Down and Out in Paris and London* schildert. Der berühmte Schriftsteller hatte nach seinem Dienst bei der Indian Imperial Police in Burma einige Zeit in größter Armut verbracht. Wenn man den Koch und den Kellner miteinander reden hört, könnte man meinen, in der Gastronomie habe sich seit neunzig Jahren nichts, aber auch gar nichts verändert und der ungehobelte Ton und das aggressive Gezänk bis hin zu Tätlichkeiten seien nach wie vor an der Tagesordnung. Natürlich klopft man sich, wie schon zu Orwells Zeiten, nach Feierabend auf die Schultern und trinkt ein Bier zusammen – manchmal auch einen Kasten. Der alte Rumäne ist stolz darauf, noch nicht für einen einzigen Tag Arbeitslosengeld beantragt zu haben und ärgert sich über die Zigeuner, die in Deutschland dem „Gewerbe" des Taschendiebstahls nachgingen und sich, wenn sie erwischt würden, als Rumänen ausgäben. Er schüttelt missbilligend den Kopf. Dann sagt er lachend: „Arbeit macht frei." Wie oft habe ich diese unsägliche Parole schon von einfach gestrickten Menschen gehört!

Da sind außerdem zwei „Portugiesen" und zwei „Rumänen", wobei es sich je nach Definition weder um Portugiesen noch um Rumänen handelt. Ricardo kommt aus Brasilien, Tiago von den Azoren mitten im Atlantik. Tiago spricht fortwährend von gutem Essen. Er rezitiert die Rezepte aus dem Gedächtnis und beschreibt minutiös, wie er die Mahlzeiten zubereitet, von denen gerade die Rede ist. Ich höre höflichkeitshalber scheinbar interessiert zu, ergreife aber stets bei der ersten sich mir bietenden Gelegenheit die Flucht. Die beiden Rumänen sind ungarischsprachige Szekler. Ihre Heimatregion Harghita in Siebenbürgen habe ich bereist, als ich als Austauschstudent für zwei Semester in Rumänien gelebt habe. „Fritzi", der mit seinen weißblonden Haaren eher aussieht wie ein Friese oder Schwede, spricht im Gegensatz zu seinem ehemaligen Klassenkameraden Elemér ein wenig Deutsch, aber unsere *Lingua franca* bleibt für die kommenden drei Wochen dennoch das Rumänische. Zuweilen verständigen wir uns auch in einem Kauderwelsch aus Deutsch und Rumänisch, wobei die beiden jungen Szekler immer vor Freude strahlen, wenn ich ein ungarisches Wort wie *kös-*

zönöm (danke) einstreue. Sie sind wie fast alle Magyaren glühende Patrioten. Fritzi zeigt mir ein Video, in dem Ungarn zur Zeit seiner größten territorialen Expansion auf einer Karte zu sehen ist, *Nagy-Magyarország* (Großungarn), und beklagt dessen Verstümmelung infolge des 1920 geschlossenen Vertrags von Trianon. Im Gegensatz zu „Großdeutschland" wird „Großungarn" heute als kollektive Erinnerung nostalgisch gepflegt, was die Beziehungen zwischen Ungarn und dessen Anrainerstaaten immer wieder belastet. Fritzi und Elemér sind trotz allem Nationalismus keine Chauvinisten, denn als nach knapp zwei Wochen doch eine Gruppe rumänischer Erntehelfer einfliegen darf, vermag es der Landwirt kaum zu verhindern, dass Fritzi und der Vorarbeiter der rumänischen Abteilung sich herzlich umarmen. Sie hatten in der Vergangenheit schon einmal zusammengearbeitet. „Halt, stopp! Auch kein Handschlag!", ruft der Bauer geistesgegenwärtig, denn die Rumänen sind eigentlich für vierzehn Tage in Quarantäne. Sie ernten andere Spargelfelder ab als wir und sind auch in einem anderen Haus untergebracht.

Unsere Unterkunft ist keinesfalls luxuriös, aber weit besser als erwartet. Es gibt warmes Wasser, Kochmöglichkeiten, Kühlschränke und Geschirr. Mit den Stockbetten hat das alles etwas von Landschulheimatmosphäre. Es ist sogar ein Gemeinschaftsraum mit Fernseher vorhanden, von dem wir allerdings in den nächsten Wochen kaum je Gebrauch machen werden. Stattdessen sitzen wir nach der Arbeit meist vor dem Haus, wo geraucht werden darf, und hören Musik. Getrunken wird viel. Insbesondere den sächsischen Koch findet man zuverlässig zu jeder Zeit nach Feierabend Zigaretten drehend vor dem Eingang unserer Behausung auf einem wackeligen Stuhl sitzend – in der Regel mit Strohhut und entblößtem Oberkörper. Der Koch sieht mit seinem gezwirbelten Bart nicht nur so aus wie ein Wikinger, sondern benimmt sich auch wie einer. Er ist ein mürrischer Geselle, der gerne aus Prinzip widerspricht und immer das letzte Wort haben muss. Als wir bei einem Lied von Creedence Clearwater Revival mitsingen, frotzelt er: „'S gibt sö viele Töne. Warum triffst denn nüscht mal een?" Ich bin immer noch der Meinung, er sei es gewesen, der schief gesungen habe. Ein anderes Mal brummt er, es sei zum Kotzen, als einziger in der Küche Deutsch zu verstehen und fügt dann hinzu, dass man das ja nicht sagen dürfe, weil man sonst gleich in die rechte Ecke gestellt werde – zumal als Ossi. Den Nachschub betont er besonders. Selbst ihn werde ich am Ende ins Herz geschlossen haben.

Die Arbeit auf dem Acker lässt sich gut an, wenn auch bereits nach ein oder zwei Tagen Schwielen an den Händen auftreten. Dazu gesellen sich später Blasen an den falsch beschuhten Füßen. Alle Widrigkeiten sind jedoch in der Hauptsache darauf zurückzuführen, dass der Boden feucht war, als der Spargel gepflanzt wurde. Infolgedessen ist er nun uneben wie eine Kraterlandschaft, aber zugleich hart wie Stahlbeton. Die Blechstangen, die es an den ersten Tagen der Ernte herauszuziehen gilt, damit die Folie aufgedeckt werden kann, unter der das grüne Gold – denn es handelt sich durchweg um Grünspargel – sprießt, lassen sich teilweise nur unter großer Kraftanstrengung dem Erdreich entreißen. Sie werden zu Bündeln zu je fünfzig Stäben geschnürt. Als diese

Arbeit getan ist, heißt es nur noch aufdecken, schneiden, abdecken, aufdecken, schneiden, abdecken – Hektar für Hektar, Feld für Feld. Ich decke die mit Sand beschwerte transparente Folie lieber auf und zu, als den Spargel zu schneiden, wobei die Zeit beim Schneiden schneller vergeht. Zugedeckt werden die Dämme ohne Werkzeug, während man sich beim Aufdecken der Folie eines Schaufelstiels bedient. Mit der Zeit kommen zu den abgedeckten Äckern noch einige Felder ohne Folie hinzu, die allerdings frisch gefräst wurden, was nicht nur die Arbeit der Erntehelfer wesentlich erleichtert, sondern auch die Arbeit des Spargels, der sich nun nicht mehr durch das pickelharte Erdreich quetschen muss, um sich an der Sonne zu grünen.

Ein lockerer Boden bedeutet aber nicht nur eine Arbeitserleichterung für Spargel und Stecher, sondern auch zugleich eine Qualitätssteigerung. Muss der Spargel sich seinen Weg nämlich durch einen harten Boden bahnen, wird er nicht selten krumm wie eine Banane und ist dann nur noch Gemüse zweiter Klasse. Welcher Klasse ein Spargel angehört, das entscheidet die Mannschaft an der Sortiermaschine. Hier stehe ich in den ersten Tagen oft nach der Feldarbeit mit Stania, einer alten Polin, die schon zum Inventar des Gehöfts gehört. Seit über anderthalb Jahrzehnten arbeitet sie bereits auf dem Spargelhof, doch ihr deutsches Vokabular beschränkt sich im Wesentlichen auf „nij gut" und „Kischta". Ersteres Wort gebraucht sie, wenn sie einen verblühten oder erfrorenen Spargel aussortiert, nach einer Kiste ruft sie, wenn wir eine solche bis an den Rand mit Spargel befüllt haben. Ihr rundliches Gesicht strahlt immer wie der Sonnenschein und es macht überhaupt nichts, dass man sie nicht versteht, wenn sie einem etwas auf Polnisch erzählt. Sie ist für den dicken Spargel erster und zweiter Klasse zuständig, ich für den dünnen Spargel erster Klasse, den sogenannten Suppenspargel und die abgebrochenen Spargelköpfe. An der Sortiermaschine kommt man leicht ins Schwitzen, wenn vier Leute gleichzeitig Spargel auf das Förderband auflegen. Man muss in Sekundenbruchteilen entscheiden, welcher Spargel in welche Kiste gehört. Mehr als einmal greift mir Stania mit einer Handvoll Spargel unter die Arme, sonst hätte es womöglich eine „Katastropha" gegeben – eine weitere Vokabel aus ihrem deutschen Wortschatz. Oder sie meint einfach *katastrofa*, was auf Polnisch dasselbe bedeutet, da es sich in beiden Fällen um eine Entlehnung aus dem Altgriechischen handelt und das Wort ursprünglich den Wendepunkt in einer Tragödienhandlung hin zum Schlechten bezeichnet. Auch wenn Stania stets lacht, wenn sie *katastrofa* sagt, bin ich froh, dass das Unglück doch immer noch rechtzeitig abgewendet werden kann. Im Anschluss an das Sortieren wird gewogen und verpackt.

Einmal bin ich beim Ausliefern des Spargels dabei und fühle mich wie in der Fahrprüfung. Im Lieferwagen stapeln sich die Spargelkisten und bei jeder Kurve ist höchste Vorsicht geboten. Lieber zu langsam als zu schnell, lautet die Devise. Der Hof ist seit mehreren Generationen im Familienbesitz und sowohl der Vater als auch die Mutter des jetzigen Landwirts rühren ihre Hände von früh bis spät. Mit dem Vater bin ich zur Ausfuhr der grünen Ware unterwegs und die Gespräche mit anderen Obst- und Gemüsebauern kreisen um zwei Themen: den Frost und die Inkompetenz der Bundesregierung. Ersterer hat etwa achtzig Prozent der Blüten anfälliger Apfelbäume wie des Boskop vernichtet, was allerdings keine Katastrophe bedeutet, da ein großer Teil der Blüten ohnehin keine Frucht ausbilden soll. Letztere bringt die Landwirte und Marktfrauen jedoch an den Rand der Verzweiflung. Eine von ihnen klagt: „Ich habe nicht die nötigen Mittel, um meine Leute mit dem Flugzeug zu holen." Der vom Bundesinnenministerium verhängte Einreisestopp für Saisonarbeiter bewirkt das genaue Gegenteil von dem, was er bewirken soll. Das liegt für jeden Menschen, für den Logik kein Buch mit sieben Siegeln ist, auf der Hand. Eine Gruppe von fünfzig Rumänen bleibt in der Regel unter sich. Die rumänischen Spargelstecher gehen nach der Arbeit duschen, telefonieren mit ihren Familien und schlafen dann auf dem Bauernhof oder in einem Wohncontainer. Vielleicht trinken sie vor dem Zubettgehen noch eine Flasche *țuică* zusammen, um sich von innen zu desinfizieren, aber es ist sicher selten vorgekommen, dass eine größere Gruppe rumänischer Erntehelfer die nächste Dorfdisko gestürmt hätte. Es ist ein unumstößliches Faktum, dass der Infektionsdruck steigt, wenn ständig neue Erntehelfer kommen, die dann nur für wenige Tage bleiben.

Von der starken Fluktuation der Arbeitskräfte kann zu jener Zeit sicher jeder Spargelbauer ein Lied singen. Unsere Gruppe, die ich nach anderthalb Wochen von einem Festangestellten übernehme und die im Kern aus den oben genannten Personen besteht, erweitert sich im Laufe der Zeit noch um einen deutschstämmigen Südafrikaner, dessen Rückflug nach Kapstadt gecancelt worden ist, einen

Globetrotter, der gerade dabei ist, sein Haus zu verkaufen, vier Ukrainer, die als Fleischer und in der Gastronomie gearbeitet haben, zwei Rumänen, eine Ungarin, eine deutsche Friseuse, zwei Zehntklässlerinnen, einen Studenten und eine Abiturientin. Ab der zweiten Woche ist auch mein guter Freund Benjamin mit von der Partie. Ein alter Grieche wirft schon nach einem halben Tag das Handtuch. Auch der Einsatz von vier Flüchtlingen, einem mutmaßlichen Syrer, einem Tschetschenen und zwei Schwarzafrikanern aus Gambia, bleibt Episode. Als ich unserem alten Polen beim Spargelschneiden an einem Hang entgegenkomme, deutet er mit dem Kopf in Richtung der beiden Schwarzen, die ein oder zwei Reihen unter uns lustlos dahinschlurfen, und sagt lachend: „Chef kaufen diese Leute auf Flohmarkt. Zweite Klasse." Dass er mit seiner Klassifizierung Recht behalten soll, zeigt sich schon am Folgetag, als keine der vier Personen mehr zur Arbeit erscheint. Es wäre ihr dritter Arbeitstag gewesen!

Bereits am Vortag hatte der Syrer Stunk gemacht, als ihm klar geworden war, dass er für das Arbeiten an einem Feiertag in der Landwirtschaft genauso viel Geld bekommen würde wie an jedem anderen Tag. Der Spargel hört ja nicht auf zu wachsen, weil die Kirchenglocken läuten. Der Tschetschene mit Salafistenbart hatte morgens über Schmerzen in der Schulter geklagt und war deshalb nicht mehr gekommen, die Schwarzen fehlen unentschuldigt. Schmerzen in der Schulter? Muskelkater vom Auf- und Zudecken der Folie wird wohl jeder von uns am zweiten Tag gehabt haben. Welchen Kontrast bildet dazu unser alter Pole, bilden dazu unsere Zehntklässlerinnen Mia und Anna-Lena!

Als Benjamin und ich am 18. April unser Zimmer räumen, fällt der Abschied schwer. Jeden unserer zeitweiligen Hausgenossen umarmen wir – trotz Covid-19. Es gibt niemanden, mit dem zusammen wir nicht wieder malochen würden, aber insbesondere Fritzi und Nicolai, einen der Ukrainer, werden wir vermissen. Nicolai ist Ende zwanzig. Er hat in der Ukraine im Bergbau untertage gearbeitet und dabei mit einem Lämpchen alle Werke Friedrich Nietzsches gelesen. Darüber hinaus hat er sich mit Dostojewski, Carl Schmitt, Ernst Jünger und sogar mit Martin Heidegger befasst! Sein Nahziel ist es, *Sein und Zeit* auf Deutsch zu lesen und zu verstehen. Wir saßen in Kiew schon in derselben Bibliothek und haben sogar eine gemeinsame Bekannte in der Millionenmetropole am Dnipro. Fritzi hat weniger Sinn für das geschriebene Wort und scheint überhaupt nur *ein Buch* zu kennen. Als ich am Abend des ersten oder zweiten Tages in das Schlusskapitel von Peter Flemings Reisebericht *Brasilianisches Abenteuer* vertieft bin, zeigt er auf den Wälzer und fragt: „Este biblia?" Doch als ich einer Schublade in der Gemeinschaftsküche einen sanften Tritt versetze, sodass sie zufliegt, ruft Fritzi nicht etwa Jackie Chan oder Bruce Lee, sondern – Winnetou! Benjamin fällt vor Lachen fast vom Stuhl und ich kann mich aus demselben Grund kaum auf den Beinen halten. Es ist irgendwie rührend, dass der Häuptling der Apachen offenbar auch zum Bildungskanon der Szekler gehört. Seit ich die Gruppe als Kapo übernommen habe, nennt mich Fritzi daher „Chef Winnetou", aber er tut es in einer Art und Weise, die nichts Subversives an sich hat. Bei dem „Sir, yes, sir!" des Brasilianers, mit dem er gelegentlich meinen „Anweisungen" begegnet, bin ich mir da weniger sicher.

Während der ganzen Zeit unterstellen wir uns im Spaß gegenseitig *buzi* (ung. schwul) zu sein und einen *kicsi fasz* (ung. kleinen Penis) zu haben. Zwar haben Benjamin und ich das Alter längst überschritten, in dem man so etwas lustig findet, doch spielen wir das Spiel mit, das Sandro und den beiden Szeklern augenscheinlich so viel Freude bereitet. Auch von dem Landwirt nehmen wir nur ungern Abschied, aber ab dem 20. April geht für uns beide das Studium weiter. Neben der Lohntüte erhalten wir noch je drei Bündel Spargel.

Eskapaden am Zuckerhut

„Gibt es ein Problem, Señor?", frage ich, als der spanische Grenzbeamte mit seinem Smartphone meine Flugtickets von Zürich über Madrid nach São Paulo abfotografiert, nachdem er sich zu einer kurzen Beratung mit Kollegen zurückgezogen hat. Es gebe kein Problem. Er wolle nur gerne wissen, welchem Zweck meine Reise diene. „Medida preventiva", fügt er auf Spanisch hinzu. „So, so, ‚vorbeugende Maßnahme' also, denke ich", stecke Pass und Flugtickets wieder ein, führe lässig zwei Finger der rechten Hand zum äußeren Rand der korrespondierenden Augenbraue und wünsche einen guten Tag.

Fridolin, ein Schweizer Landwirt, der auf dem Flug von Zürich nach Kastilien neben mir gesessen hatte und dessen Ziel ebenfalls Brasilien ist, hat die ganze Zeit auf mich gewartet. „Es gibt kein Problem", antworte ich ihm auf seine besorgte Nachfrage. „Hat vielleicht damit zu tun, dass ich als Deutscher aus der Schweiz ausgereist bin." Das hat es auch, denn sonst hätte dieser Zirkus bereits in Deutschland stattgefunden und die Vorstellung wäre bestimmt etwas länger gegangen. Im Flugzeug hatten wir uns über Gott und die Welt unterhalten, nachdem ich bei einer Stelle in Bruce Chatwins Reisebericht *In Patagonien* laut und herzlich hatte lachen müssen. Es handelte sich um folgende Passage: „Sie suchen doch nicht etwa einen Job?" fragte mich Milton Evans. Es war Mittagszeit, und er hielt mir einen Fleischfetzen an der Spitze eines kleinen Spießes entgegen. „Nicht unbedingt." „Komisch, Sie erinnern mich an Bobby Dawes. Ein junger Engländer wie Sie, der durch Patagonien gewandert ist. Eines Tages kam er zu einer Estancia und sagte zu dem Besitzer: ‚Wenn Sie mir Arbeit geben, dann sind Sie ein Heiliger, Ihre Frau ist eine Heilige und Ihre Kinder sind Engel, und Ihr Hund ist der beste Hund der Welt.' Als der Besitzer antwortete: ‚Ich habe keine Arbeit für Sie', sagte Bobby: ‚In diesem Fall sind Sie ein Hurensohn, Ihre Frau ist eine Hure, Ihre Kinder sind Affen, und wenn ich Ihren Hund zu fassen kriege, werde ich ihm in den Arsch treten, bis seine Nase blutet.'"

In São Paulo gelandet, nehme ich einen Bus nach Campinas und von dort einen weiteren zum Flughafen Viracopos, wo die brasilianische Billigairline Azul ein Luftfahrtdrehkreuz unterhält, denn ich möchte zunächst einmal nach Rio de Janeiro. Als ich am zweiten Tag ein Bild mit dem Zuckerhut im Rücken bei Facebook poste, meldet sich mein alter Spieß vom 2. Kavallerieregiment und fragt, ob ich mich noch in Brasilien aufhalte. Er sei gerade mit seiner Familie dort und veranstalte an Neujahr ein Barbecue in Riviera de São Lourenço, zu dem ich herzlich eingeladen sei. Glücklicherweise habe ich auf dem Hinweg die Sambakönigin von Campinas kennengelernt, von der ich weiß, dass sie Silvester bei Freunden in São Paulo verbringen wird. Wir handeln einen Deal aus: Ich bekomme ihren Wagen, um von São Paulo an die Riviera de São Lourenço zu fahren, muss aber sie und ihre beiden besten Freunde mitnehmen und für Sprit und Unterkunft aufkommen. Auch wenn mich auf der langen Busfahrt zwischen Rio und Paulo Zweifel plagen, werde ich tatsächlich im Morgengrauen von einem SUV abgeholt und wir schaffen es pünktlich zum Barbecue. Alles verläuft nach Plan, obwohl die Sambakönigin beim Anblick der von mir gebuchten Unterkunft an der Riviera die Stirn runzelt. Als mich die Brasilianer am nächsten Tag in São Paulo vor meinem Hotel absetzen, werden sie kreidebleich und fragen, ob ich nicht doch mit ihnen nach Campinas fahren wolle. Ich lehne dankend ab.

Das Hotel Curitiba ist eigentlich gar nicht so schlecht und es heißt nach meinem nächsten Reiseziel. Aber das Viertel, in dem es sich befindet, ist die reinste Gosse. Es riecht überall nach menschlichen Exkrementen und den leeren Blicken der Junkies ist kaum auszuweichen. Oscar Wilde lässt Lord Darlington in der Komödie *Lady Windermere's Fan* erklären, wir lägen alle in der Gosse, doch einige von uns betrachteten die Sterne. Ich für meinen Teil ziehe es jedenfalls vor, den Sternenhimmel Sternenhimmel sein zu lassen und im Doppelbett des Hotels den Deckenventilator anzuglotzen. Das Zimmer kostet umgerechnet zehn Euro pro Nacht, Frühstück inklusive (Butterbrot). Abends gibt es einen Teller kleingeschnippelte Wurst mit Zwiebeln und Weißbrot. Die Alternative: Ein Kilogramm Hähnchengeschnetzeltes mit Ketchup. Mein Fenster befindet sich an der Straßenseite und die ganze Nacht hindurch gibt es Zänkereien zwischen Obdachlosen, die sich lautstark auf Portugiesisch beschimpfen. Außerdem marschiert gefühlt alle paar Minuten jemand mit einem umgehängten Ghettoblaster die Straße hoch oder runter. Man hat ständig brasilianischen Funk im Ohr. An ununterbrochenen Schlaf ist also nicht zu denken.

Am nächsten Morgen möchte ich in die Pinakothek, die sich in unmittelbarer Nähe meines Hotels und direkt gegenüber dem Bahnhof Luz befindet, vor dem stets ein Pulk von Prostituierten anzutreffen ist. Einen Ladyboy, der dort wohl sein hässliches Gesicht ausstellt und seinen Arsch vermietet, sehe ich im Hotel Curitiba. Leider ist die Pinacoteca do Estado de São Paulo geschlossen, also mache ich stattdessen einen Spaziergang im Ghetto, wobei ich die Arretierung von drei Gangstern in Boardshorts und Flip-Flops beobachten kann. Ich knipse kurz einige Bilder und gehe dann zügig weiter, um von der Polizei nicht zum Löschen der Fotos genötigt zu werden.

Aus einem etwas besseren Viertel kommt das Mädchen, das ich an diesem Tag noch in São Paulo kennenlerne. Sie nennt sich Jazz, ist zwanzig Jahre jung und arbeitet als Tätowiererin. Auf der rechten Backe hatte sie einen Anker und die Ziffern 011, die Vorwahl von São Paulo, tätowiert. Wie bei der größten Gruppe der Paulistanos, der Einwohner São Paulos, kommen ihre Vorfahren vorwiegend aus Italien. Über uns hängt der in die Jahre gekommene, nicht mehr funktionsfähige Deckenventilator, links an der Wand dröhnt ein Gebläse neuerer Bauart und lässt den Bettbezug vibrieren, unter den wir uns verkrochen haben. Aus meinem Handy schallt eines meiner Lieblingslieder: „Lawyers, Guns and Money" von Warren Zevon. Es ist in diesem Augenblick, dass ich feststellte, wie glücklich ich bin. Leider muss sie noch vor Einbruch der Dunkelheit zuhause sein und ich am nächsten Tag in Curitiba.

Meinem alten Freund Newton, einem Deutschbrasilianer, den ich vor Jahren in einem Pub in Rom kennengelernt hatte, schrieb ich von Rio aus, ich würde mich auch nach Unterkünften in seiner Heimatstadt Ponta Grossa umsehen. Darauf antwortete er mir: „Hostels in Ponta Grossa? Meine Fresse, du übernachtest hier, Mensch! Essen und schlafen und was sonst kannst du bei mir!" Zuerst wollte er mich jedoch seinen Freunden in Curitiba vorstellen und mir eine deutsche Siedlung in der Gegend zeigen. Die Busfahrt von São Paulo nach Curitiba ist eine Augenweide. Ein einziges grünes Panorama. Urwald wechselt sich mit Bananenplantagen ab und neben den Bananenstauden stehen in Abständen von mehreren Kilometern kleine Häuschen, vor denen Mexiko-Käfer und alte VW-Busse, zuweilen auch amerikanische Pickups, vor sich hin rosten.

Curitiba liegt auf der ersten paranaensischen Hochebene, dem Primeiro Planalto Paranaense. Nähert man sich der auf 934 Metern Höhe gelegenen Großstadt, so wird man zwingend der seltsamen Nadelbäume gewahr, die durch ihre kandelaberförmigen Kronen imponieren und überall aus dem Urwald herausragen. Es handelt sich um Araukarien. Dieser Baum ziert nicht nur das Stadtwappen, sondern auch der heutige Name der 1693 von den Portugiesen gegründeten Stadt leitet sich von den Pinien ab. Er stammt aus den Tupí-Guaraní-Sprachen. Auch wenn die Etymologie nicht abschließend geklärt ist, bedeutet Curitiba sinngemäß „Land mit den vielen Araukarien" oder einfach „viel Holz". Curitiba ist die Hauptstadt des drittsüdlichsten brasilianischen Bundesstaates Paraná, der etwa die Größe Frankreichs besitzt und hauptsächlich aus einer gewaltigen Hochfläche besteht, die, teilweise aufgebrochen, allmählich zum namensgebenden Rio Paraná im Westen abfällt. Im Osten erstreckt sich die steil zum Meer abfallende Serra do Mar. Zahlreiche Pioniere aus Italien, Deutschland, Polen, Russland und der Ukraine siedelten im 19. Jahrhundert auf der Hochfläche, nachdem sie sich zunächst in den küstennahen Bereichen niedergelassen hatten. Auch viele deutsche Siedler aus den südlicher gelegenen Bundesstaaten Rio Grande do Sul und Santa Catarina zog es in die Höhenregion mit dem kälteren Klima.

Abgeholt werde ich in Curitiba von einem Freund Newtons, der mich auf der Fahrt über die Parteienlandschaft in Europa und die Neue Rechte ausfragt. Nachdem wir uns über das Wahlverhalten von Männern und Frauen in Nordamerika, Deutschland und Brasilien ausgetauscht haben, räsoniert er mit einem Lächeln über die Frage, ob es tatsächlich klug gewesen sei, den Frauen das Wahlrecht zu geben. Er ist trotz seiner reaktionären Ansichten ein angenehmer Gesprächspartner. Sein Englisch ist allerdings ausbaufähig, wobei mein Schulfranzösisch noch weitaus schlechter ist. Bei ihm verbringen wir die Nacht. Zu dritt fahren wir tags darauf auf der seit 1873 bestehenden, großartig geführten Estrada da Graciosa zwischen Curitiba und dem Meer über Morretes nach Antonina, wo wir zu Mittag essen. Die Architektur der Stadt ist von portugiesischem Kolonialstil geprägt, aber in dem Gasthaus, in das wir einkehren, steht zu unserer Überraschung eine blonde Deutschbrasilianerin hinter der Theke. Drall und tüchtig, das Bild einer betagten Bäuerin! Sie freut sich sehr, zwei Deutsche in ihrer Wirtschaft begrüßen zu dürfen und erzählt, dass sie ursprünglich aus Rio Grande do Sul komme und ihre Eltern nur Deutsch mit ihr geredet hätten, obwohl sie schon der vierten Auswanderergeneration angehöre. Sie stellt sich neben unseren Tisch und stützt ihre Hände auf ihre Hüften: „Ich sage immer, die Leute in Antonina wollen nicht arbeiten. Sie sind faul. Kam ich hierher vor zwanzig Jahren, hatte ich nichts. Nur einen Sohn. Jetzt habe ich zwei Restaurants, ein gutes Auto und ein scheenes Apartament."

Abends steigen Newton und ich in einen Bus und irgendwo im Nirgendwo zwischen Curitiba und Ponta Grossa wieder aus. Rubens, ein Freund Newtons, holt uns nach einer Weile mit seinem Pickup vom Grünstreifen und fährt uns zu einer von deutschen Mennoniten bewohnten Siedlung. Es ist zwar ein Wochentag, aber in der kleinen Kneipe des Ortes wartet man schon auf den Gast aus Deutschland und jede der zahlreichen Heineken-Dosen, die wir hinunterkippen, geht aufs Haus. Angehörige des brasilianischen Fanklubs der Böhsen Onkelz haben sich in der Hütte versammelt und so trinken wir also „auf gute Freunde, verlorene Liebe, auf alte Götter und auf neue Ziele" – und natürlich, mit ein paar Tagen Verspätung, auch „auf ein neues Jahr!" Diese Mennoniten sind wahrscheinlich die lebenslustigsten Protestanten, die mir je begegnet sind. Nachdem Newton und ich bei Rubens übernachtet haben, machen wir morgens zunächst einen ausgedehnten Spaziergang in der Kolonie. Das Wetter schlägt alle paar Minuten um. Erst sticht der Planet und man fürchtet, einen Sonnenbrand zu bekommen, im nächsten Augenblick regnet es – und dazwischen pfeift manchmal der Wind. In der *colônia* haben über 84

Prozent der Einwohner für Bolsonaro gestimmt und am Ortseingang findet sich ein großes Schild, auf dem die Gemeinde ihren Dank zum Ausdruck bringt: Por deus, por nossas famílias, por quem produz, also für Gott, für unsere Familien und für diejenigen, die produzieren, steht darauf in großen Lettern neben dem Konterfei des Präsidenten. Mittags fährt Rubens uns nach Ponta Grossa, und aus den Boxen seines VW-Pickups dröhnt Musik der britischen Kultband Status quo. Wir essen gemeinsam *alcatra* in einer traditionellen *churrascaria* der hauptsächlich von Italienern, Polen und Wolgadeutschen geprägten Stadt. Das saftige Rindfleisch wird einem an Spießen gereicht, und ständig fragt der Kellner: „Noch ein Stück, Doktor?" Zuweilen wird man sogar zum „Professor" gemacht.

Newton und ich besuchen an diesem Tag noch die in der Nähe befindlichen niederländischen Siedlungen Castrolanda und Carambeí, die aufgrund der Tüchtigkeit der Holländer zu Hochburgen der Milchproduktion geworden sind. So kommt auch der Joghurt, den ich auf dem Rückflug nach Deutschland in einem Flugzeug der Airline LATAM zu mir nehme, aus einer Fabrik in der Avenida dos Pioneiros in Carambeí. Tags darauf geht es in Newtons altem FIAT, der stottert und japst, bis hinauf auf den mehrere Autostunden entfernten „Hochkamp", der von den Donauschwaben für eine intensive Feldnutzung urbar gemacht worden ist und heute eine Kornkammer des Landes darstellt. Auf fünf Dörfer verteilen sich die „Schwobisch" sprechenden Deutschen und ihre meist nordbrasilianischen Erntehelfer in Entre Rios. Auf dem Weg nach Entre Rios kommen wir durch die Stadt Prudentópolis. Dort essen wir zu Mittag. Für das Buffet, zu dem es auch *quirera*, eine Art Brei, gibt, müssen wir nur 14 *reais* bezahlen, umgerechnet 2,30 Euro. Die etwa 50.000 Einwohner der Stadt stammen zum größten Teil aus der Ukraine. Im Jahr 1896 kamen die ersten 8000 Siedler aus der Ukraine und der Zuzug von Landsleuten hielt bis in die 1920er Jahre an. Zuhause spricht man in Prudentópolis Ukrainisch und die orthodoxen oder griechisch-katholischen Kirchen der Stadt vermitteln einem trotz der Hitze das Gefühl, man befinde sich irgendwo zwischen Lemberg und Kiew.

Es gefällt uns in Prudentópolis so gut, dass wir beschließen, auf dem Rückweg dort für die Nacht in einem Hotel abzusteigen. Beim Supermarkt kaufen wir uns Zahnbürsten und Zahnpasta nebst einer Flasche Wasser. Die hübschen Kassiererinnen fragen wir, wo in der Stadt der Bär steppe. Sie empfehlen uns Tuba's Bar, und als ich mich danach erkundigte, ob sie uns begleiten möchten, sagen sie mit einem schüchternen Lächeln und starkem ukrainischem Akzent, wie mir Newton versichert: „Nóis não póde." Das ist grammatikalisch falsch und soll heißen: „Wir können nicht." Dabei strecken sie uns ihre Handrücken entgegen, um uns auf die Eheringe aufmerksam zu machen. Wir mieten uns für eine Nacht im Burack Hotel ein und hätten in der Pizzeria nebenan gerne eine Pizza gegessen. Doch Pizza gibt es nicht. Ich frage ungläubig nach, ob es denn wenigstens Pasta gebe. Die beiden Kellnerinnen und die Gastronomin schütteln den Kopf. „Pierogi?" Wieder schütteln sie erst den Kopf, dann sagt die Wirtin allerdings: „Doch, Piroggen können wir machen? Wollt ihr jeder zwölf oder sechs Stück". „Sechs" sage ich und blicke in ein trauriges Gesicht. „Dann gerne zwölf, kein Problem", verbessere ich mich. Die alte Frau nickt strahlend und scheucht ihre Angestellten in die Küche. Es dauert eine ganze Weile, aber dann werden die leckeren Pieroggen in Hackfleischsoße aufgetischt. Wahrscheinlich haben sie die Zutaten erst im Supermarkt kaufen müssen. Nach dem Abendessen geht es auf zwei Bierchen in Tuba's Bar. Das Bier kommt aus einer Brauerei in Blumenau im Bundesstaat Santa Catarina und trägt den deutschen Namen „Eisenbahn".

Nachdem wir am nächsten Morgen ausgecheckt und fürstlich gefrühstückt haben, geht es zurück nach Ponta Grossa und dann mit dem Bus wieder nach Curitiba, wo mich ein Lokalpolitiker und Parteigänger Bolsonaros interviewen möchte. Newtons Freund hatte dem Mann erzählt, dass sich ein Anti-Globalist aus Deutschland in Paraná befände. Vier- oder fünfmal müssen wir das Interview von vorne beginnen, weil mein Gesprächspartner mich entweder als „Ianonis Krapf" (Johannes Scharf) vorstellt oder zum Chef-Redakteur von COMPACT befördert. Ich bin froh, als die Bilder im Kasten sind. Wenige Stunden später sitze ich im Nachtbus nach São Paulo. Natürlich lande ich wieder mitten im Ghetto. Dieses Mal ist es wohl das Schwarzenviertel der Stadt, denn auf der Straße vor dem Hotel Natal, in dem ich es mir gemütlich gemacht habe, stehen fünfzig oder sechzig Westafrikaner wie bei einer Versammlung. Manche von ihnen grillen auf der Fahrbahn.

Abends kehre ich eine Straße weiter in eine zum Gehsteig hin offene Lunch-Bude ein, in der sich mir gegenüber am

Tresen schon zwei kuriose Gestalten das Abendessen einverleiben. Einer der beiden ist ausgesprochen hager, trägt eine Augenklappe und hat ein langes, beinahe bananenförmiges Gesicht, der andere ist ein rotbrauner Mestize mit verwegenen Gesichtszügen. Um den kräftigen Hals trägt er eine dicke Kette aus Edelmetall. Am Handgelenk funkelt eine goldene Armbanduhr und am Ringfinger der rechten Hand steckt ein auffälliger Siegelring. Auf dem Kopf trägt er nach Art der Korsaren ein Tuch. Nachdem ich mit Händen und Füßen bestellt habe, sehe ich vor dem Imbiss einen Schutzmann mit gezogener Waffe vorbeischleichen. Keine zwei Minuten später läuft derselbe Polizist in entgegengesetzter Richtung an mir vorbei und treibt unter vorgehaltener Waffe einen bronzefarbenen Delinquenten vor sich her. Den Hals des mutmaßlichen Verbrechers ziert eine Tätowierung in Form eines Dollar-Zeichens. Ich ziehe unter dem Tresen die zwanzig *reais* aus der Socke und bezahle meinen Cheeseburger. Im Hotelzimmer wartet dieses Mal nur eine Kakerlake, die sich schnell unter dem Bett verkriecht. Ich spiele mit dem Gedanken, sie umzubringen, aber in einer pazifistischen Regung vergesse ich die Mordgelüste, lasse mich aufs Bett fallen und schlafe ein.

Allerdings hilft all der Pazifismus nichts, denn als ich einige Tage später über Brasília wieder nach Deutschland zurückfliege, werde ich bei der Einreise behandelt wie ein Terrorist. Als ich am Frankfurter Flughafen aus der Maschine steige, sehe ich, wie ein Beamter seine Kollegen mit ausgestrecktem Arm und Zeigefinger auf mich hinweist. Ich habe in diesem Augenblick schon das unbestimmte Gefühl, dass sich das Mittagessen, das gleichzeitig mein Abendessen sein wird, etwas nach hinten verschiebt.

Kaum hält der Polizist meinen Pass in Händen, gibt er diesen Umstand über Funk weiter. Dann höre ich den mir bereits vertrauten Befehl: „Kommen Sie einmal kurz mit auf die Wache" und weiß sogleich, dass es sich bei dem Wörtchen „kurz" um einen Euphemismus handelt.

Ich bin bis in die Zehenspitzen tiefenentspannt und folge den drei Bundespolizisten, ohne zu protestieren. Allerdings frage ich eher rhetorisch: „Was gibt's denn nun schon wieder?" „Das klärt sich auf der Wache", kommt es zurück. Eine Sache brennt mir doch noch unter den Nägeln: „War dieses Empfangskomitee nur für mich?" „Die anderen Jungs nicht, nur wir drei", entgegnet mir einer der Beamten. Es ist dem Polizisten, der mein Gepäck durchwühlt und mich schon von meiner letzten Reise kennt, sichtlich unangenehm, mich erneut grundlos einer so eingehenden Untersuchung unterziehen zu müssen. Die Bilder auf der mitgeführten Kamera sollen gesichtet werden. Von mir aus. Ich beginne, zu jedem Bild, das ich in Brasília von den architektonischen Monstrositäten Oscar Niemeyers geschossen habe, eine ausführliche Erläuterung zu geben, sodass man es nach kurzer Zeit gutseinlässt und mir gestattet, die Kamera wieder auszuschalten und zu verwahren. Nun folgt die Leibesvisitation. Ich werde von drei Bundespolizisten die langen Gänge entlanggeführt, wobei sie vor jeder Türe das Wort „Durchgang!" rufen. Vor einem kahlen, weiß gefliesten Raum bleiben wir stehen. Ich muss mich nackt ausziehen und einmal im Kreis drehen. Danach haben vier Beamte in Zivil noch einige Fragen zu meiner Person und den Beweggründen für meine Reise. Zwei Stunden dauert das ganze Prozedere, dann bin ich wieder auf freiem Fuß.

Auf Rhein und Neckar

Meinen alten Seesack geschultert, Hermann Hesses *Steppenwolf* und meinen Laptop im Aktenkoffer, begebe ich mich im Mannheimer Hafen an Bord eines Binnenschiffes, auf dem ich als Decksmann angemustert habe. Mein Master in Geschichte liegt hinter mir, aber für Dissidenten, selbst für ehemalige, stehen die Chancen auf dem akademischen Arbeitsmarkt schlecht. Der Schiffsführer ist Pole, von den beiden Matrosen beziehungsweise Steuerleuten kommt einer aus Serbien, der andere ebenfalls aus Polen. Ihre Lieblingsbeschäftigung scheint es zu sein, mit einer notdürftig geflickten Fliegenklatsche Mücken totzuschlagen und dabei laut zu fluchen. Ich merke bald, dass sie einen Reinlichkeitsfimmel haben, was das Interieur betrifft. Wenn sie schon bei der Arbeit dreckig werden, soll wenigstens in der „Wohnung" alles keimfrei sein. Das ist durchaus nachvollziehbar und ich habe dieses Verhalten auch schon bei Spargelstechern und Bauarbeitern beobachtet, die bereits das Innere eines Baggers oder Radladers desinfizierten, als Corona in erster Linie noch etwas zum Trinken war.

Wegen Hochwassers darf das Containerschiff zunächst nicht auslaufen, aber es gibt auch so genug zu tun. Zunächst soll die Bilge, also der Kielraum des Schiffs, in dem sich Öl und Leckwasser sammeln, gelenzt werden. Schiffer und Matrose auf dem Bilgenentöler sind offenbar alte Bekannte meiner neuen Kollegen und einer ruft dem polnischen Schiffsführer zu: „Hast du dich in der

Tschechei impfen lassen?" „Zuhause in Polen", kommt es zurück. Darauf der Mann auf dem Bilgenentöler, der sich bei uns auf die Steuerbordseite gelegt hat: „Ach so, Entschuldigung, ihr seid alle aus Polen, gell?" Als ich einwerfe, ich sei Deutscher, klappen bei den Herren drüben die Kinnladen herunter. „Sieht man selten auf einem Frachter." Von dem Bilgenentöler nehmen wir auch neue Reibhölzer an Bord, die in der Vorpiek verstaut werden und vor allem in den Schleusen benötigt werden.

Am selben Tag noch bunkern wir Diesel und Frischwasser und auch dabei entspinnt sich wieder ein interessanter Dialog. Der polnische Schiffsführer eröffnet ihn mit folgender Feststellung: „Gestern Abend wollte ich essen gehen. Habe ich nur gesehen Döner." Der deutsche Matrose auf dem Bunkerboot entgegnet resigniert: „A jooo. Monnem is schunn lang verlore gange. Do siehsch bloß noch Dehner." Im nächsten Augenblick ist die Resignation aus seiner Stimme verschwunden und er schimpfte munter drauf los: „Un in Wirzburg denn, denn hewwe se sechs Joar lang gfittert un dann hot a sich bedankt, indem a die Leit abgstoche hot. Wahrschoinlich hede mir demm, wanns noch de Griene gehe det, noch a Therabie bezahle gmisst." An dieser Stelle klinkt sich der serbische Steuermann ein: „Fragsch du oder ich, ob wir kriegen Therapie. Hab ich hier geschafft ieber zwelf Jahre. Wir kriegen nix. Aber diese Arschlöcher kommen und kriegen sie alles."

Jener Serbe ist es auch, der anderntags, als sich gerade mein Chef mit ein paar anderen hohen Tieren an Bord befindet, zu einem regelrechten Rundumschlag gegen

Ausländer ausholt. Ich hoffe einerseits, er möge doch endlich von diesem Thema schweigen, andererseits finde ich die Tirade faszinierend, sodass ich sie anschließend Wort für Wort in meinem Notizbuch festhalte. Los geht es mit der folgenden Behauptung: „Bei mir in Nürnberg ist Wildwest, keine Regeln mehr. Viel zu viele Ausländer. Ist scheiße, diese Stadt, mir gefällte nix. Kurva!" Seine plastischen Schilderungen falschparkender Ausländer und ähnlicher von ihm beobachteten Bagatelldelikte unterstreicht er meistens mit der Redewendung „Mein lieber Scholli!", wobei er „Scholli" jedoch „Dscholli" ausspricht und dem französischen Original *joli* (schön, nett, hübsch) somit sogar näherkommt als die deutsche Verballhornung. In einer viertel Stunde, die sich wie eine halbe Ewigkeit anfühlt, exerziert dieser brave Steuermann im Brustton der Überzeugung den Katechismus des deutschen Stammtischpatriotismus durch, um seine Jeremiade mit der Warnung zu beschließen, Deutschland werde so zugrunde gehen wie der Kosovo, der immer schon nichts als serbisch gewesen sei. Während seiner Ansprache hatte er an einer Stelle kurz innegehalten und den Zeigefinger gehoben, so als habe das, was er nun sagen wolle, besonderes Gewicht. Es war ungefähr das Folgende: „Versteh ich nicht, diese Deutsche, die sagen, wann einer hat deutsche Papiere, dann ist Deutscher. Pass kann sein alles, ist nur Papier. Ich kann sein Deutscher auf Ausweis, aber hier" – dabei schlug er sich heftig mit der geballten Faust an die Brust – „ich bin immer Serbe!"

Nachdem unsere Fracht für Mannheim gelöscht ist und wir neue Container für Stuttgart geladen haben, müssen wir nur noch auf die Wiederinbetriebnahme der Schleusen warten, denn es gibt deren 23 auf der Strecke. Da auch das Wetter mitspielt, befreie ich ein Stück Gangbord vom Rost und streiche es wieder mit Grundierung und grauer Lackfarbe. Sowohl der Winkel als auch das Gangbord, das an den Seiten des Schiffes außerhalb des Laderaumes entlangführt, sind während der Lockdowns in Mitleidenschaft gezogen worden, weil man statt der üblichen Container auch Metallschrott hatte transportieren müssen. Beim Löschen und Laden desselben waren immer wieder einzelne Teile auf Winkel und Gangbord gefallen.

Es ist schon später Nachmittag, als der Schleusenmeister die Arbeit aufnimmt. Nun können wir endlich zu Berg fahren, wie es in der Schiffersprache heißt. Das Festmachen in den Schleusen ist für mich Neuland, da ich als Maschinenkadett in der Seeschifffahrt nie ein Tau angefasst, geschweige denn eine Schleuse zu Gesicht bekommen habe. Als wir einige Tage später wieder zu Tal fahren, komme ich beim Ausschlenken der Taue ein paarmal ins Schwitzen, aber im Großen und Ganzen lässt sich die Arbeit gut an. Auch die Wohnsituation behagt mir. Die Kammern sind eng, aber die Fenster lassen sich öffnen und schließen und haben sogar Rollläden, sodass man bis 5.30 Uhr durchschlafen kann, sofern man keine ungebetenen Gäste in der Koje hat. Um die lästigen Blutsauger draußen zu halten, empfiehlt es sich, die Türen zu schließen.

Der Ausblick, den man auf einer Neckarfahrt hat, entschädigt indes für jeden Mückenstich. Jedes Mal, wenn ich an Deck trete, bietet sich mir ein malerischer Anblick.

Mal ist es die Heidelberger Altstadt, die Burg Hornberg oder eine der zahllosen anderen Neckarburgen, dann das Schloss Gundelsheim, in dem ich als Student ein zweiwöchiges Museumspraktikum absolviert habe, dann die Stauferpfalz Bad Wimpfen oder das pittoreske Hirschhorn. Und dann ist da noch Neckarsteinach. Jenes kleine Städtchen, das im Dreißigjährigen Krieg von Tillys Katholischer Liga eingenommen wurde, in dem mehrfach die Pest wütete, aus dem die bayerischen Besatzungstruppen durch die Schweden vertrieben wurden, auf die wiederum die Kaiserlichen folgten. Jenes Neckarsteinach, durch das im Pfälzer Erbfolgekrieg französische, sächsische, kurbrandenburgische und bayrische Truppen zogen, in dem sich nach 1685 zahlreiche Hugenotten niederließen, die in Frankreich wegen ihres Glaubens verfolgt wurden. Jenes Neckarsteinach, das im 18. Jahrhundert den am Spanischen, Polnischen und Österreichischen Erbfolgekrieg beteiligten Truppen als Lazarettstadt diente und in das sich im 19. Jahrhundert Heidelberger Studenten begaben, um sich zu duellieren, wenn die Mensur im Großherzogtum Baden gerade verboten war. Während ich also in den Anblick dieses Städtchens mit seinen vier Burgen versunken bin, werde ich von dem polnischen Matrosen darüber informiert, dass es dort auch drei Bordelle gebe.

Er, der mich immer Mr. Amerika nennt und mir das Spleißen von Tauen beibringt, ist ohnehin ein ganzer Kerl. An und für sich wortkarg, kommt es doch immer wieder zu denkwürdigen Reflexionen wie der folgenden: „Was machst du?" „Ich schmiere ein Marmeladenbrot." Darauf er: „Fleisch muss sein." Als ich ihm antworte, ich äße abends und ab und zu mittags Fleisch, sagt er nachdenklich: „Ich dreimal am Tag Fleisch." Und als wir an einem Campingplatz vorbeifahren, auf dem man Leute auf Klappstühlen vor ihren Wohnmobilen sitzen sieht, ruft er verärgert aus: „Was für ein Urlaub ist das, Kurva?! Sitzen zwei Wochen wie Affen und gucken in Luft?" Dieses jähe Temperament zeigt sich auch beim Fußball. Wir schauen zusammen die EM-Halbfinale und das Finale England gegen Italien, wobei wir die in den serbischen Nationalfarben bepinselte Satellitenschüssel mehrfach versetzen müssen, um Empfang zu haben, weil zunächst ein Ladekran im Weg ist. Bei jedem Ballverlust der Engländer ertönt ein lautes Kurva, zuweilen begleitet von einem dröhnenden Schlag aufs Polster der lederüberzogenen Sitzbank.

Nachdem wir unsere Ladung in Mannheim gelöscht haben, geht es mit einer Back nach Germersheim auf den Rhein und dann leer in die Werft nach Speyer. In Mannheim sind der Serbe und die beiden Polen von Bord gegangen. Unter den neuen Besatzungsmitgliedern ist auch ein Deutscher, der kurz vor der Rente steht und sein altes Haus auf den Philippinen durch einen Taifun eingebüßt hat. Mit ihm streiche ich in der Werft die Eichmarken und die Bergplatte. Er erzählt mir dabei von seinem ganz persönlichen „Ist-das-Kunst-oder-kann-das-weg?-Moment". Als er vor mehr als zwei Jahrzehnten neue Reibhölzer „organisieren" sollte, vernichtete er dabei versehentlich ein Kunstwerk. „Es sah aus, als hätte jemand Holz zum Verbrennen gestapelt", sagt er achselzuckend und taucht den Pinsel in den Farbeimer. Die Zeitung habe damals berichtet, jemand müsse vorsätzlich die Installation zerstört haben. Sogar die Kriminalpolizei habe ermittelt. Aus seiner Sicht sei es jedenfalls ein Holzhaufen gewesen, nichts weiter.

Unter Mafiosi im Libanon

"Postapokalyptisch" ist das Adjektiv, das die Stimmung in Beirut am besten beschreibt. Auch knapp anderthalb Jahre nach der gewaltigen Explosion im Hafen der libanesischen Hauptstadt. Sie ereignete sich am 4. August 2020 um 18.08 Uhr Ortszeit. Damals flogen zunächst Feuerwerkskörper und anschließend 2750 Tonnen Ammoniumnitrat in die Luft. Die Explosion kostete mehr als zweihundert Menschen das Leben und mehr als 6500 wurden verletzt. Mehr als 300.000 Menschen mussten außerdem ihre Häuser verlassen. Das Hotel in Hafennähe, in dem mein Kollege Mario bei seinem letzten Besuch im Libanon abgestiegen ist, gibt es nicht mehr. Es steht dort nur noch eine Ruine.

Eine Ruine ist auch das "Ei" genannte Bauwerk in der Stadtmitte, das von Joseph Philippe Karam als Kino- und Bürogebäude entworfen, aber wegen des Bürgerkrieges, der von 1975 bis 1990 im Libanon tobte, nie fertiggestellt wurde. Als wir uns die zum Mahnmal umgewidmete Bauruine ansehen, begegnen wir einer Gruppe Jugendlicher, die hier Calisthenics machen. Mittlerweile ist es, obgleich erst später Nachmittag, stockfinster. Lichter sieht man in den Wohnungen nicht brennen, aber dafür leuchten die Sterne am Himmel über der Millionenmetropole. Strom gibt es in Beirut nur für zwei Stunden am Tag. Überall laufen deshalb Generatoren, mit deren Hilfe Geschäfte und Hotels ihren täglichen Strombedarf decken, doch selbst in unserem Dreisternehotel wird der Strom jeden Tag für sechs Stunden abgestellt. Da das Schienennetz des Libanon im Bürgerkrieg zerstört wurde, ist jeder Libanese auf sein Auto oder auf Taxis angewiesen, aber auch die Spritpreise steigen in dem Land, das gerade eine Hyperinflation erlebt. Libanesische Lire sind praktisch nichts mehr wert. Cocktails oder Longdrinks kosten um die 100.000 Lire, für eine Tankfüllung werden umgerechnet fünfundzwanzig Dollar fällig. Knapp die Hälfte eines anständigen Monatslohns. Trotzdem erfüllt nicht nur im Stadtkern penetranter Benzingestank die Luft, sodass man im Freien nach kürzester Zeit Kopfschmerzen bekommt.

Vom „Ei" aus lassen sich in der Dämmerung noch die im Jahr 2008 eingeweihte Muhammad-Al-Amin-Moschee und der neben ihr befindliche Märtyrerplatz ausmachen. Der Platz war Teil der Demarkationslinie, die die Stadt im Bürgerkrieg teilte. Die von dem italienischen Bildhauer Marino Mazzacurati geschaffenen Skulpturen in der Mitte des Platzes sind durchlöchert wie ein Schweizer Käse. Einer Statue wurde im Bürgerkrieg sogar der linke Arm weggerissen. Unser Freund Nassib hat hier als christlicher Milizionär gekämpft. Dem Phalangisten fehlt ebenfalls eine Gliedmaße. Er hat sein rechtes Bein verloren und trägt eine in Deutschland gefertigte Prothese. Das Projektil, das ihm bei einer früheren Gelegenheit durch den Rücken in den Bauch eingedrungen ist, wurde nie entfernt. Noch heute piepst es daher, wenn er am Flughafen durch die Sicherheitskontrolle geht. Nassib holt uns am nächsten Tag mit einem weißen SUV der Marke Toyota vor unserem Hotel ab. Er möchte uns den von der Hisbollah dominierten Süden Beiruts zeigen, denn im Gegensatz zu den Libanesischen Kräften stehen die Phalangisten auf gutem Fuß mit der schiitischen Miliz. Hisbollah bedeutet „Partei Gottes".

Plötzlich tritt Nassib auf die Bremse, zeigt nach links und rechts: „Hier wurde letzten Monat geschossen." Dann geht es an zwei Checkpoints der Hisbollah vorbei. Man kennt Nassib. Wir werden anstandslos durchgewinkt. Er fährt mit uns zu zwei Friedhöfen, auf denen Hisbollah-Kämpfer ihre letzte Ruhe gefunden haben. Auf dem ersten Friedhof liegen 123 dieser von den schiitischen Bewohnern des Viertels unterschiedslos als Märtyrer bezeichneten Toten. Auf dem zweiten Friedhof liegen auch die wenige Wochen zuvor bei einer aus dem Ruder gelaufenen Demonstration erschossenen Muslime: sechs Männer und eine Frau. Für eines der Opfer wird gerade eine Totenwache abgehalten. Fünf oder sechs junge Männer mit Bart sitzen auf Plastikstühlen um das Grab, auf dem neben dem in den Grabstein eingelassenen Porträt ein weiteres Bild steht und eine Kerze brennt. Freunde des Toten seien sie gewesen, versichern sie uns, nachdem Nassib Mario und mich auf Arabisch vorgestellt hat. Sind sie anfangs noch reserviert, werden sie geradezu enthusiastisch, als sie erfahren, dass wir aus Deutschland kommen. Einer der Männer, er heißt Mohammed, ruft begeistert: „Yes, yes, Hitler!" Hussein, der neben ihm steht, pflichtet ihm bei: „We respect Hitler because he killed all the Jews." Mohammed, dem meine versteinerte Miene nicht entgangen ist, sieht mich prüfend an und fragt: „You like Hitler?" Ich verneine die Frage. Trotzdem bieten sie Mario und mir Bananen an.

Einer der Jungs ist auf der Demonstration dabei gewesen. Ehrfürchtig begrüßen die jugendlichen Heißsporne einen Mann mittleren Alters, der angeblich zehn Israelis getötet hat. Im Gefecht. Ein etwa Dreißigjähriger, der sich später zu der Gruppe gesellt, ist laut Mohammed und Hussein ebenfalls ein Held. Er habe Sturmgewehre organisiert, nachdem die Demonstranten von Angehörigen der Libanesischen Kräfte mit gezieltem Feuer unter Beschuss genommen worden seien. „Ladroni!", also „Räuber!", schimpft Nassib, der schon lange nicht nur im Libanon, sondern auch in Italien zuhause ist. Es sei alles eine Verschwörung gewesen. Eine Verschwörung zwischen den Libanesischen Kräften und der Amal-Bewegung, um das Land erneut in einen Bürgerkrieg zu stürzen. Die Drahtzieher dahinter? Amerika, Saudi-Arabien und natürlich Israel. Da ist sich der einbeinige Veteran ganz sicher.

Als wir uns schon verabschieden wollen, taucht plötzlich ein junger Mann auf, der sich als der 19-jährige Sohn der getöteten Mariam entpuppt. Sie sei das einzige Opfer gewesen, das sich gar nicht im Demonstrationszug befunden habe. Die 42-Jährige habe auf ihrem Balkon gestanden, als das Projektil des Dragunow-Scharfschützengewehrs sie getroffen habe. Wir sprechen dem jungen Mann unser tiefempfundenes Mitgefühl aus und Mario lichtet ihn mit seiner ausdrücklichen Erlaubnis am Grab seiner Mutter ab. Als Mario eine Woche später wieder im Flieger nach Deutschland sitzt, treffe ich mich in dem christlichen Stadtviertel Aschrafiyya noch mit dem Auslandspressesprecher der Libanesischen Kräfte in einem Café, vor dem gerade ein kitschiger Weihnachtsbaum mit Engelsflügeln errichtet wird. Er betont, die Libanesischen Kräfte wollten einen erneuten Bürgerkrieg um jeden Preis verhindern. Es sei vielmehr die Hisbollah, die auf Konfrontation aus sei und stetig an der Eskalationsschraube drehe. Sie sei verantwortlich für die Explosion im Hafen von Beirut und für die Wirtschaftskrise im Land. Von ihrer Schuld versuche sie nun abzulenken, indem sie die Gesellschaft entlang religiös-konfessioneller Bruchlinien spalte. Das sei das Mindset des Bürgerkriegs. Es hätten Sprachnachrichten von hochrangigen Offizieren der Hisbollah die Runde gemacht, die angeblich belegen, dass eine bewaffnete Auseinandersetzung mit christlichen Anwohnern und Sicherheitskräften im Vorfeld der Demonstration billigend in Kauf genommen wurde oder sogar erwünscht gewesen sei. Immerhin seien die Anhänger der Hisbollah und der Amal-Bewegung mit Kalaschnikows und RPGs aufmarschiert und hätten ehrverletzende Parolen skandiert. Auch habe es vor der Schießerei ein Handgemenge gegeben, das von den Demonstrationsteilnehmern initiiert gewesen sei. Mit Blick auf Mariam spricht er von „friendly fire" als der wahrscheinlichsten Ursache für ihren Tod. Die Behauptung, es habe Scharfschützen gegeben, wird auch vom Militär als falsch zurückgewiesen.

Ebenfalls der Hisbollah geben die sunnitischen Bewohner Tripolis und seiner Vororte die Schuld an der Krise. Viele von ihnen sympathisieren offen mit dem IS. Im ganzen Land errichten verzweifelte Libanesen montags Straßensperren und bleiben der Arbeit fern. Ein großer Teil dieser Menschen hat aber ohnehin keine Arbeit. In Tripoli stapelt sich der Abfall links und rechts der Fahrbahn, und es stinkt gottserbärmlich. Das Flussbett gleicht einer Müllhalde. Optimale Bedingungen für die Ausbreitung von Seuchen. Unser Taxifahrer Mansour, der mehrere Jahre in der Bundesrepublik gelebt hat und ein wenig Deutsch spricht, bringt uns zu den Straßensperren, die wütende Sunniten in und um Tripoli aus Autoreifen errichtet haben. Lange bevor das Militär anrückt, um die brennenden Autoreifen mit Schürhaken von der Fahrbahn in den Straßengraben zu ziehen, sind wir vor Ort und sprechen mit den aufgebrachten Eiferern. Immer wieder rufen sie: „Allah ist groß!" oder „Nieder mit der Hisbollah!". Und sie recken den Zeigefinger zum Himmel, die berüchtigte Geste des IS. Ursprünglich war der gen Himmel erhobene Zeigefinger nur ein Bekenntnis zum Monotheismus. Seine Bedeutung: „Es gibt nur einen Gott". Salafistische Gotteskrieger drücken mit der Geste indes auch ihre Unduldsamkeit gegenüber anderen Islaminterpretationen aus.

Mit Mansour geht es auch in die zwischen dem Libanongebirge und dem Anti-Libanon gelegene Bekaa-Ebene. Es ist der wilde Osten des Landes, in dem neben der Hisbollah vor allem kriminelle Clans das Sagen haben. Unser Ziel: Baalbek, das nicht nur für seine gewaltigen Tempelanlagen, sondern auch als Zentrum der Drogenproduktion im Libanon bekannt ist. Mansour kennt jemanden, für den wir uns interessieren könnten. Er hat früher häufig Touristen von Beirut nach Baalbek kutschiert, denn die zwischen 1900 und 1905 auf Wunsch Kaiser Wilhelms II. ausgegrabenen Tempelanlagen brauchen den Vergleich mit antiken Städten wie Palmyra oder Gerasa nicht zu scheuen. Das war vor der Krise. An einer Tankstelle halten wir an. Ein junger, schmächtiger Mann steigt zu, den Mansour uns als seinen Freund Ali vorstellt. Ali hat früher an der Tankstelle gearbeitet, jetzt handelt er mit Drogen und Kriegsgerät. Im Vorbeifahren deutet er auf die Villen der Mafiabosse und verrät uns die Familiennamen der Clans. Zu einem gehört er selbst. Als wir an frisch abgeernteten Hanfplantagen vorüberkommen, schärft Mansour uns ein, die geknipsten Bilder sofort zu löschen, sollten wir angehalten werden. Er fährt sich mit dem Daumen über den Hals und sagt: „Sonst schneiden." Ohne einen ortskundigen Kontaktmann wie Ali würde er uns nicht einmal für tausend Dollar hierhergebracht haben. Auch nicht für zweitausend Dollar. Ali wohnt mit seinem Vater und seinen Geschwistern in einer kleinen, von baufälligen Gebäuden eingerahmten Villa. Eine Frau hat er noch nicht. Auch seine Brüder stehen offenbar auf den Gehaltslisten der Drogenbarone, doch es scheint im Haus auch Eigenbedarf zu geben. Mansour hätte sich beim Platznehmen um ein Haar in eine Heroinspritze gesetzt.

Ali und seine Brüder breiten ein paar Haschischsorten vor uns aus. Auch Kokain und Tabletten befinden sich im Sortiment. Mario wiegt einen Brocken in der Hand und fragt: „Roter Libanese?" Die Männer nicken. Aus einer Kiste ziehen sie außerdem eine Handvoll Patronen des Kalibers .50 und platzieren sie auf dem kleinen Wohnzimmertisch, hinter den sich der junge Mafioso gehockt hat. Solche Geschosse habe ich zuletzt bei der Armee zu Gesicht bekommen. Ali lehnt sich auf seinem Divan zurück und zündet sich einen Dübel an. Fünfzehn Dollar möchte er für eine Patrone, aber wir sind natürlich nicht in die Bekaa-Ebene gekommen, um Weihnachtsgeschenke zu kaufen. Der Handel mit Waffen sei Alis Hobby, scherzt einer seiner Brüder. Stolz präsentiert der uns Handy-Bilder aus seinem Depot, in dem sich an die zehn Kalaschnikows aneinanderreihen. Auch im Angebot: Granatwerfer, RPGs aus sowjetischen Beständen und sogar ein kleiner Mörser. Die Waffen sind zwei Tage vorher an einen anderen Ort gebracht worden, weil Ali einen Hinweis erhalten hat, dass die Polizei das Haus durchsuchen werde. Mario und ich sind etwas enttäuscht. Als hätte er unsere Gedanken gelesen, telefoniert Ali kurz auf Arabisch, und wenige Minuten später betritt ein junger, bärtiger Mann das Zimmer, der einen schwarzen Koffer trägt. Er ist ebenso schmächtig wie Ali und hat zwischen Zeigefinger und Daumen der rechten Hand ein Sturmgewehr tätowiert. Aus dem Koffer zieht er eine Kalaschnikow und steckt ein volles Magazin hinein. Für einen kleinen Augenblick wird es mir flau im Magen, aber er lädt die Waffe nicht durch. Das Schießeisen wandert von Hand zu Hand. In diesem Moment betritt Alis verschleierte Schwester das Zimmer. Sie trägt ein Tablett, auf dem mit Rosenblüten bemalte Kaffeetässchen stehen. Nachdem sie uns wortlos den Kaffee kredenzt hat, verschwindet sie wieder. Beobachtet wird die skurrile Szene von einem großen, braunen Teddy-Bären.

In Europas letzter Diktatur

Auf dem Flug von Istanbul nach Minsk lese ich die letzten Seiten in Anthony Burgess' Klassiker *A Clockwork Orange*. Viele Begriffe der darin verwendeten Kunstsprache „Nadsat" werden sich in Weißrussland als durchaus nützliche Vokabeln erweisen. Neben mir im Flieger sitzen Richmond und Nixon aus Nigeria. Überhaupt ist das Flugzeug voller Schwarzafrikaner. Was sie ausgerechnet im kalten Minsk suchen, weiß der Teufel. Nixon und Richmond versichern mir zwar, sie seien Touristen, doch letzterer kramt immer wieder einen zerfledderten Zettel hervor, auf dem etwa handschriftlich notiert ist: „You work for XXX Company." Angestrengt schaut er auf das Blatt Papier und kneift die Augen zusammen. Er scheint sich die notierten Informationen einprägen zu wollen. Dem Zustand des Fresszettels nach zu urteilen, haben die beiden den langen Weg von Lagos nach der Stadt am Bosporus eher auf einer staubigen Landstraße als an Bord eines Flugzeugs zurückgelegt. Allerdings sind sie gut gekleidet und duften nach teurem Parfum. Wie Flüchtlinge sehen sie nicht aus, eher wie Glücksritter. Die Sache stinkt jedenfalls zum Himmel. Richmond fragt mich nach meiner Nummer, die ich ihm bereitwillig gebe. Wer weiß, ob ich mir andernfalls eine gute Story entgehen lasse, denke ich. Ich tippe meinen Vornamen ein. Andere Kontakte sind in seinem Mobiltelefon etwa als „White Woman" und „Big Jim" gespeichert. Der Flug verläuft fast ohne Turbulenzen.

Am Flughafen stehen die zirka vierzig Schwarzafrikaner aus meinem Flieger beisammen, als hätte man sie bestellt und nicht abgeholt. Dann höre ich einen Grenzer rufen: „Tourist visa?" Alle recken ihre Hände in die Höhe. Der Grenzbeamte bedeutet ihnen, ihm zu folgen. Sie alle werden wenig später als „Touristen" europäischen Boden betreten. Nachdem ich mich eine Weile mit einem überaus netten Grenzbeamten unterhalten habe, stelle ich mich an den Schalter für Diplomaten, den er mir freundlicherweise zugewiesen hat. Die Dame mit den großen Schulterklappen nimmt meinen Reisepass buchstäblich unter die Lupe, doch auf ihre Frage, ob ich einen Rückflug hätte, genügt ein schlichtes „Ja". Ein prüfender Blick in mein Gesicht, dann haut sie den Stempel in mein Ausweisdokument und wünscht mir einen schönen Aufenthalt. Rückflugtickets habe ich, allerdings sind sie mittlerweile wertlos geworden, weil die Flüge storniert wurden. Auch die obligatorische Reisekrankenversicherung muss ich nicht vorweisen. Doppelt Schwein gehabt.

Die erste Unterkunft, in der ich es mir bequem mache, ist das Tower Hostel. Es befindet sich in unmittelbarer Nähe zum Gorki-Park und so habe ich tagelang die Hymne der Scorpions im Ohr, obwohl es sich bei dem von ihnen besungenen Gorki-Park um jenen am Ufer der Moskwa in der russischen Hauptstadt handelt. Mein Schlafsaal ist etwa zur Hälfte mit Westafrikanern belegt. Manche dösen den ganzen Tag in ihren Kojen. Seltsame Touristen, denke ich. Wann immer ich einen Schwarzen frage, wo er herkomme, lautet die Antwort entweder Nigeria oder Elfenbeinküste. Mit beiden Ländern verbinde ich schöne Erinnerungen.

Als ich am ersten Morgen zum Badezimmer schlurfe, entdecke ich an der Wand eine Informationstafel, die darüber aufklärt, dass Lee Harvey Oswald, der mutmaßliche Todesschütze John F. Kennedys, in jenem Haus gewohnt habe. Der vom Marxismus begeisterte Amerikaner war im Oktober 1959 in die Sowjetunion gereist und hatte erklärt, sowjetischer Staatsbürger werden zu wollen. Nachdem man ihn in Russland ein Jahr lang rund um die Uhr abgehört und auf Herz und Nieren geprüft hatte, waren ihm in Minsk eine Arbeitsstelle und eine Wohnung zugewiesen worden. Allerdings wurde es Oswald, der in seiner Kindheit und Jugend mehr als zwanzigmal mit seiner Familie umgezogen war, bald langweilig in der weißrussischen Hauptstadt. Nachdem er im März 1961 die Studentin Marina Prusakova kennengelernt und kaum sechs Wochen später geheiratet hatte, kehrte er mit ihr und der inzwischen geborenen Tochter June im Mai 1962 in die Vereinigten Staaten zurück. Anderthalb Jahre später wurde J. F. K. von den tödlichen Kugeln getroffen, die mutmaßlich der Ex-Marine Lee Harvey Oswald abgefeuert hatte.

Nach drei Tagen und drei Nächten habe ich genug vom Abenteuer Afrika und suche mir ein Apartment mit eigener Küche und eigenem Badezimmer. In Minsk, das mich sehr an Kiew erinnert, unternehme ich längere Spaziergänge, fotografiere die sowjetischen Monumentalbauten, besuche das Nationale Kunstmuseum und zahlreiche Cafés, aber die meiste Zeit sitze ich in meiner Klause und lese in Hans Alberts *Traktat über kritische Vernunft*.

Katja, mit der ich einen Roadtrip nach Hrodna an der Memel unternehme, hat ein Jahr lang im zehnten Bezirk in Wien gewohnt und beklagt den Umstand, dass Wien und alle Städte, die sie in der Bundesrepublik besucht habe, mit Türken überfremdet seien. Eine Ausnahme stelle lediglich Heidelberg dar. Als sie in Wien angekommen sei, habe sie nur sagen können „Hände hoch, Hitler kaputt", aber sie habe rasch besseres Deutsch gesprochen als mancher Orientale, der schon seit zwanzig Jahren in Wien lebe. Auf dem Rückweg kommt es auf dem Highway zu einem kleinen Disput, weil sie sich über angeblichen Sexismus in der deutschen Sprache echauffiert, namentlich über das generische Maskulinum. Überdies sei es ein Unding, dass man „das Mädchen" sage. Ich habe den Mietwagen, den Sprit und das Mittagessen bezahlt. Als ich in Lida, nach jener Diskussion, auch anstandslos das Abendessen bezahle und immer noch kein Spasibo über ihre Lippen kommt, platzt mir innerlich der Kragen. Zurück im Wagen, binde ich ihr auf die Nase, dass man sich in Deutschland für gewöhnlich bedanke, wenn man zum Essen eingeladen werde. Darauf antwortet sie, es verstehe sich in Weißrussland von selbst, dass der Mann bezahle. „In Ordnung", sage ich, aber dann dürfe sie sich auch nicht als Feministin gerieren und über Sexismus in der Sprache jammern. Sie habe vielmehr zu wählen. Die Dame ist pikiert und während der letzten 170 Kilometer von Lida nach Minsk wechseln wir kaum noch ein Wort miteinander. Als ich sie vor ihrer Wohnung absetze, knallt sie mir einen Zwanni auf den Beifahrersitz und sagt dabei, sie hoffe, ich hätte den Tag wenigstens ein bisschen genossen. Sie hat sich offenbar für den Feminismus entschieden.

Während meines Aufenthalts in Weißrussland lerne ich ausschließlich Regimekritiker kennen. Es scheint in der jungen Generation keine oder kaum Anhänger des Präsidenten zu geben. Viele erzählen mir, sie seien bei den Protesten verhaftet worden und hätten eine Nacht im Polizeigewahrsam verbracht. Als in einem Rock-Pub eine Hymne der Opposition erklingt, singen alle inbrünstig mit. In sehr überraschte Gesichter blicke ich indes, wenn ich erzähle, dass auch in der Bundesrepublik Deutschland die Arbeit von Regierungskritikern zum Teil behindert werde, ich persönlich Menschen kenne, die für politische Facebook-Posts hinter schwedischen Gardinen verschwunden seien, Publikationen verboten würden und das Verwenden bestimmter Symbole unter Strafe stehe. Zurück in jenes vermeintlich so freie Deutschland geht es über Georgien und die Türkei. In Tiflis, wo ich fünfzehn Stunden auf meinen Anschlussflug nach Istanbul warten muss, esse ich spontan bei einer alten Bekannten zu Abend. Schon bevor ich am Tag meiner Heimreise morgens am Minsker Flughafen anlangte, wusste ich, wen ich dort garantiert nicht treffen würde: Richmond und Nixon.

Durchs wilde Pakistan

Maria, Anfang dreißig, Spanierin, hockt im Frankfurter Flughafen auf der Polizeiwache und kann noch gar nicht so recht begreifen, wie es dazu gekommen ist. Ihr einziges Vergehen? Mit mir in den Urlaub fliegen zu wollen. Endlich händigt uns einer der Beamten wieder unsere Pässe aus. Einer Ausreise nach Pakistan stehe nichts im Weg. Maria ist noch immer ein wenig verwirrt und möchte wissen, ob sie nun jedes Mal mit so einer eingehenden Kontrolle rechnen müsse. „Nur wenn sie mit diesem Herrn reisen", beruhigt sie der Polizist. Maria weiß noch nichts von meiner politischen Laufbahn. Ich hatte ihr fürs Erste nur gesagt, dass ich auch in der Skinheadszene sozialisiert worden sei. Dass die linke Skinheadszene in Barcelona und die Skinheadszene, von der ich sprach, zwei grundverschiedene Paar Stiefel sind, habe ich ihr bei den beiden Treffen vor unserem Urlaub nicht auf die Nase gebunden. Sie nimmt es erstaunlich locker. Trotzdem bestellt sie auf den Schock erst einmal ein Bier.

Unsere Freude darüber, dass es bei Quatar Airways kein Limit auf während des Flugs konsumierte Longdrinks gibt, wird durch ein kleines Ruckeln gedämpft. Es ist nicht einmal eine ordentliche Turbulenz, aber mein Bloody Mary rutscht vom Falttisch und die rote Flüssigkeit verteilt sich ziemlich unvorteilhaft über meine beige Hose. Ich wasche den Tomatensaft mit kaltem Wasser ab. Erst gegen Ende des achtstündigen Zwischenstopps in Doha ist meine Hose langsam wieder bügelfeucht bis schranktrocken. Auf dem Flug von Katar nach Lahore sitzen wir getrennt. Ich hocke zwischen zwei Pakistanern. Einer lebt in Griechenland, der andere in Südafrika. Alle drei tragen wir die Masken auf Halbmast. War ich früher ausgesprochen kommunikativ, habe ich mittlerweile das Schweigen für mich entdeckt und schätze es nicht, bei dieser Tätigkeit unterbrochen zu werden. Um den als Smalltalk bekannten höflichen Austausch von belanglosen Informationen rasch beenden zu können, vertiefe ich mich in die Lektüre von Max Frischs *Homo Faber*.

Lahore ist mit seinen offiziell über elf Millionen Einwohnern – Ortsansässige sprechen von fast doppelt so vielen Menschen – hinter Karatschi die zweitgrößte Stadt Pakistans. Als historische Hauptstadt des Punjabs, die nach der Unabhängigkeit Indiens von Großbritannien im Jahr 1947 dem neu gegründeten Staat Pakistan zugeschlagen wurde, ist Lahore so etwas wie die Seele des Landes. Maria hat hier einflussreiche Freunde. Hauptsächlich Textilfabrikanten. Ehemalige Geschäftspartner aus ihrer Zeit als Modedesignerin. Wie einflussreich diese Personen sind, wird auch ihr erst im Laufe der Woche richtig bewusst. Einer ihrer Freunde lässt uns vom Flughafen abholen und in ein Hotel bringen, das er gebucht hat. Wir bekommen für umgerechnet 28 Euro am Tag einen SUV mit Fahrer. Wir wollen den Wagen eigentlich ohne Fahrer, aber die Sache ist schon abgemacht. Und rückblickend kann ich konstatieren: Die ein oder andere Nahtoderfahrung wäre uns ohne Chauffeur vielleicht erspart geblieben, aber wir hätten auch weniger zu lachen gehabt. Einmal, wir sind ohnehin schon spät dran und der Fahrer ist bereits wiederholt mit der Kirche ums

Dorf gefahren, sollen es nur noch zehn Minuten bis zu unserem Ziel sein. Ganz sicher. Dann tanken. Neben einer Moschee. Der Tank ist voll, aber vom Fahrer fehlt jede Spur. Zehn Minuten später kommt er ganz tiefenentspannt aus der Moschee, setzt sich hinters Steuer und lächelt selig. Ob er beim Abendgebet gewesen sei, frage ich. „Yes." Er lächelt immer noch. Ich sage ihm, wir hätten keine Zeit zu verlieren. „Okay." Sage und schreibe eine geschlagene Stunde kommen wir zu spät zu unserem Termin, aber das macht überhaupt nichts. Marias guter Freund Azhar verspätet sich nämlich sogar um anderthalb Stunden. Dafür quatschen wir in der Chefetage der Textilfabrik mit seinem Bruder und einem Angestellten, der uns ein paar Kaltgetränke kredenzt.

Azhar ist Anfang vierzig. Im Gegensatz zu den meisten Pakistanern trägt er keinen Salwar Kamiz, sondern westliche Kleidung. Immerhin stellt seine Fabrik Jeanshosen her. Das schwarze Haar, in dem sich vereinzelt silbergraue Strähnen zeigen, trägt er akkurat gescheitelt. Nach einer kleinen Führung durch die Produktionsstätte gehen wir in ein gutes Restaurant. Als er nach dem ausgiebigen Abendessen Anstalten macht, die gesamte Rechnung zu begleichen, protestiere ich und zücke meinen eigenen Geldbeutel. Maria winkt ab. Sie habe diese Diskussion unzählige Male mit ihren Freunden in Pakistan geführt: „Du bist ihr Gast. Sie werden es nicht zulassen, dass du dein Essen selbst bezahlst." Ich gebe auf. Tags darauf sind wir wieder mit Azhar verabredet, um die Badshahi-Moschee zu besichtigen, die in den Jahren 1671 bis 1674 von Großmogul Aurangzeb erbaut wurde und zu den größten islamischen Gotteshäusern der Welt zählt. Vorher leihen

Maria und ich uns aber noch zwei Polo-Pferde aus. Da ich das Trabreiten verlernt habe, geht es bei mir nur im Schritt oder im gestreckten Galopp vorwärts. Diese prächtigen Pferde sind wahrscheinlich die schnellsten, die ich je unterm Arsch hatte, und auch die Polo-Ponys, auf denen Winston Churchill in seiner Zeit als Kavallerieoffizier in Indien Polo gespielt hat, dürften nicht viel besser ausgebildet gewesen sein. Nach der guten dreiviertel Stunde, die wir auf den geschickten Vierbeinern zugebracht haben, wieder Stadtverkehr mit unserem Chauffeur. Überall Autorikschas und vor allem Mopeds der Marke Honda. Das Modell CD 70 muss zigmillionenfach im Land vorhanden sein. Nachbauten gibt es unter Namen wie Pak Star, Road Star und United. Wurden die Maschinen von 1970 bis 1991 noch vom Honda-Konzern im Mutterland Japan hergestellt, werden sie seit Anfang der 1990er Jahre vom pakistanischen Motorradhersteller Atlas Honda zusammengeschraubt. Zwischen Mopeds, auf denen bis zu sechs Personen hocken, Eselskarren und Autorikschas kurven gewöhnliche Autos und bunt behängte Lastwagen herum. Jeder LKW ein Hingucker. Ich finde die Ketten, bunten Fetzen und Neonröhren furchtbar kitschig, doch Maria widerspricht. Alle fahren wie die Bekloppten. Auf dem Weg von der Polo-Farm zu Azhars Fabrik passiert es dann endlich. Ein Unfall. Eigentlich kein Unfall, sondern nur eine kleine Berührung zweier Tuk-Tuks. Direkt vor uns. Wir können nicht nach links und nicht nach rechts. Die Straße ist verstopft. Beide Rikschapiloten steigen aus, beschuldigen sich gegenseitig. Der große Dicke haut dem hageren Jungspund auf die Nase. Dann steigen beide wieder ein und es geht weiter.

Die Badshahi-Moschee ist wirklich einen Besuch wert. Sie gilt als eines der bedeutendsten Bauwerke der indo-islamischen Sakralarchitektur der Mogulzeit. Im Jahr 1974 trafen dort die Führer der islamischen Staaten anlässlich der zweiten Islamischen Gipfelkonferenz zum gemeinsamen Gebet zusammen. Zu Abend essen wir im Anschluss in einem Restaurant, von dem aus man die Moschee gut überblicken kann. Auf dem Weg dorthin wird mir ein Luftgewehr in die Hand gedrückt. Ich gehe noch ein paar Schritte zurück, lege an. Treffer. Fünfzehn Schuss hätte ich, sagt mir der Schausteller mit einem Lächeln. Ich frage Azhar, was es koste, aber er hat schon bezahlt. Der zweite Schuss geht daneben. Das Korn ist komplett nach links verbogen, der Lauf ein wenig verzogen. Kentucky Windage. Ich ziele nicht mehr in die Mitte, sondern so, dass es passt. Die nächsten dreizehn Schuss sind wieder Treffer. Jedes Mal zuckt der Schaubudenbesitzer leicht zusammen und die Menschentraube, die sich schon nach den ersten Schüssen gebildet hat, wird immer größer. Ein bisschen fühlt man sich schon wie Kara Ben Nemsi oder Davy Crockett. Lachend gebe ich das Luftgewehr nach dem letzten Schuss zurück und frage in die Runde: „Where can I join Pakistan's army?

Eigentlich sind wir in Pakistan, um Ski zu fahren. Allerdings haben wir es uns bereits abgeschminkt, es in Gilgit-Baltistan zu versuchen, einem Teil der zwischen China, Indien und Pakistan umstrittenen Region Kaschmir. Von Lahore bis dorthin ist es einfach zu weit, um ohne Zwischenstopp durchfahren zu können. Wir sagen die Übernachtung in dem dort bereits gebuchten Hotel ab.

Stattdessen wollen wir unser Glück in Malam Jabba versuchen, auch wenn die Schneeverhältnisse im Himalaya gewiss besser sind. Das Skigebiet in Malam Jabba war samt Sessellift und Hotelanlagen in der zweiten Hälfte der 2000er Jahre von den Taliban zerstört worden. Nach der Rückeroberung des Gebiets im Jahr 2016 wurden die Anlagen sukzessive wiederaufgebaut. Das 2020 eröffnete Fünfsternehotel Pearl Continental nimmt stolze zweihundert Dollar pro Nacht für ein Doppelzimmer, aber immerhin befindet sich der neue Sessellift nur einen Steinwurf entfernt. Erst einmal müssen wir allerdings lebend dort ankommen. Unser Fahrer glaubt wahrscheinlich, je waghalsiger er den Wagen lenke, desto besser könne er uns demonstrieren, was für ein guter Fahrer er sei. Das Navi ignoriert er souverän. Weist man ihn darauf hin, dass er zum wiederholten Mal falsch abgebogen sei, lächelt er bloß und sagt: „Okay." Neben „wait" sein Lieblingswort. Oder er zeigt auf das Navi und sagt: „Wrong." Jedenfalls: Gas geben kann er! Von Zwei-Sekunden-Abstand oder Schulterblick nie etwas gehört. Als wir auf den Motorway kommen, schnalle ich mich entgegen meiner Gewohnheit an. Ich habe keine Lust, als Abziehbildchen am Heck eines jener bunten Lastwagen zu kleben. Später übernehmen erst Maria und dann ich für eine Weile das Steuer, dass sich unser Chauffeur ein wenig von seinem Rennsport erholen kann. Als uns nach dem Passieren einer Mautstation ein Polizist rauswinkt, bedeutet mir der Fahrer mit einer Handbewegung, ich solle Gas geben. Da ich selbst keine Lust auf eine Verzögerung verspüre, tue ich wie mir geheißen. Wir werden nicht verfolgt. Der zum Beifahrer degradierte Chauffeur zuckt nur mit den Schultern und lächelt. Immer dieses Lächeln.

Das Hotel ist ganz in Ordnung, aber im Zimmer ist die Heizung ausgefallen und im Gegensatz zum Pearl Continental in Lahore gibt es weder einen Pool noch eine Bar, in der Ausländern alkoholische Getränke ausgeschenkt werden. Maria findet, es sei die zweihundert Dollar pro Nacht nicht wert. Ich selbst hätte ohnehin ein billiges Hotel vorgezogen. Aber wenigstens haben wir den Sessellift vor der Türe. Ich wundere mich über die Heerscharen von Polizisten und privaten Sicherheitskräften mit ihren aufmunitionierten Kalaschnikows. Nachdem wir zu Abend gegessen haben, verlange ich nach der Rechnung. Als ich bezahlen möchte, steht ein Mann, der mit seiner Frau und seinen beiden kleinen Töchtern drei Tische weiter gesessen hat, auf und sagt: „Your dinner is on me. Welcome to my country." Wir sind baff.

Obwohl ich keinen Whisky ausstehen kann, möchte ich doch auch das Angebot des Mannes, einen Whisky mit ihm zu trinken, nicht ausschlagen. Maria lässt sich entschuldigen. Sie sei sehr müde und müsse noch telefonieren. Abdulrehman, so heißt er, hat bei Liverpool seinen Schulabschluss gemacht und spricht exzellentes Englisch. Wir unterhalten uns lange über Gott und die Welt. Dem Kellner sagt er, unser nächstes Lunch und auch das darauffolgende Abendessen gehe ebenfalls auf seine Rechnung. Wir seien schließlich Gäste in seinem Land. Von Abdulrehman erfahre ich auch die schlechte Nachricht: Skifahren ist gerade nicht möglich. Die Anlage ist seit vier Monaten geschlossen. Es habe Meinungsverschiedenheiten zwischen der Lokalbevölkerung und dem privaten Betreiber des Skigebiets gegeben. Ortsansässige hätten beispielsweise freien Zutritt zur Piste verlangt. Erst als ich wieder in Deutschland bin, stoße ich bei meiner Recherche auf Schlagzeilen wie „Malam Jabba resort closed after mob attack". Laut dem Bericht seien Hotelangestellte und Gäste von einer aufgebrachten Menschenmenge angegriffen worden. Der Betreiber des Resorts habe schlicht nicht mehr für die Sicherheit von Urlaubern garantieren können und deshalb den Betrieb des Sessellifts bis auf Weiteres eingestellt.

Maria ist am Boden zerstört, als ich ihr mitteile, dass es mit dem Skifahren nichts wird. Sie ruft ihren Freund Achmed an, der ihr das Skigebiet empfohlen hat. Achmed ist ebenfalls Textilfabrikant. Der lässt nun, vielleicht hat er ein schlechtes Gewissen, seine Kontakte in der Regierung spielen – und das Wunder geschieht: Das Skigebiet wird am nächsten Tag öffnen! Schon am nächsten Morgen rollen ein Jeep und ein Armeelaster an. Ein halbes Platoon soll die Polizei und die privaten Sicherheitskräfte vor Ort verstärken und dafür Sorge tragen, dass die Öffnung ohne Zwischenfälle vonstattengeht. Eine Schneise zum Tickethäuschen wird auf Hochtouren freigeschaufelt und die Pistenraupe steht an diesem Morgen keine Minute still.

Dann die Ernüchterung: Oberleutnant Faraz teilt uns mit, dass der Sessellift noch nicht in Betrieb genommen werden könne. Abdulrehman bittet ihn, alles Menschenmögliche zu unternehmen, damit wir, nachdem wir Tausende von Kilometern geflogen seien, um hier Ski zu fahren, nicht unverrichteter Dinge nachhause zurückkehren müssten. Als wir eine Stunde später schon auf gepackten Koffern sitzen, klingelt plötzlich das Telefon auf unserem Zimmer. Ich nehme den Hörer ab: „Sir, someone is here for you. You can ski now." Wir werden zur Piste eskortiert, wo Oberleutnant Faraz und ein Weißer auf uns warten. Der Weiße ist, wie sich herausstellt, der technische Manager der Anlage. Er kommt ursprünglich aus Südafrika und hat schon in Skigebieten in Tschechien, Österreich und Italien gearbeitet, bevor es ihn im Oktober 2021 nach Pakistan verschlagen hat. Oberleutnant Faraz hat ihm von unserer Lage erzählt und er ist fest entschlossen, uns ein paar Abfahrten zu ermöglichen. Martin ist der erste Weiße, den wir seit unserer Landung in Lahore zu Gesicht bekommen haben. Er erzählt uns, er habe tags zuvor einen Anruf erhalten. In Islamabad seien die festgefahrenen Verhandlungen zwischen dem Management des Resorts und den Wortführern der Lokalbevölkerung urplötzlich wiederaufgenommen worden und man habe sich sogar am selben Tag noch einigen können. Er freue sich sehr darüber. Schließlich hingen auch etwa fünfhundert Arbeitsplätze in der Region an der Wiedereröffnung des Skigebiets. Nicht zuletzt sein eigener. Von der Intervention unseres Freundes sagen wir nichts, aber wir freuen uns, als Touristen einen Beitrag vor Ort geleistet und erfolgreich Fluchtursachen bekämpft zu haben. Ganz eigennützig und unabsichtlich. Adam Smith und Ayn Rand würden bei diesem Beispiel strahlen übers ganze Gesicht. Martin erklärt uns, der Sessellift müsse noch gewartet werden. Immerhin habe er die letzten vier Monate stillgestanden. Eine reguläre Inbetriebnahme sei frühestens am Abend möglich. Allerdings könne er uns, da wir im Laufe des Nachmittags schon abreisen müssten, mit der Pistenraupe nach oben befördern. Für die Skiausrüstung bräuchten wir übrigens selbstverständlich nichts zu bezahlen. Wir sollen nur ein paar Bilder auf Social Media posten, um Pakistan als Wintersportdestination bekannter zu machen. Als wir schließlich in Skischuhen stecken, geht es dann doch mit dem Sessellift. Während wir abfahren, steht der Lift indes und gehen die Wartungsarbeiten weiter. Vier Stunden später sitzen wir in Skihosen mit unserem Chauffeur im Auto nach Islamabad und können unser Glück immer noch nicht fassen.

Eine Verkettung unglücklicher Umstände

Gerade habe ich mich an den Frühstückstisch gesetzt und bin im Begriff, ein Erdnussbutterbrot zu schmieren, da rumpelt es plötzlich gewaltig. Die Wände des Schiffs erzittern und ich höre das klirrende Geräusch von zerberstendem Glas. Der neue Schiffmann wird den Kahn doch nicht schon fünf Minuten nach dem Ablegen auf Grund gesetzt oder einen Spiegel abgefahren haben, denke ich. Ich schlüpfe in meine Arbeitsschuhe und eile die von Scherben übersäte Treppe zum Steuerhaus hinauf, aber es ist keines mehr da. Jedenfalls fehlen das Dach und die Scheiben. Nur noch der Stuhl steht trotzig in der Mitte. Und daneben der Schiffmann – wie durch ein Wunder unverletzt. Er sieht verwirrt nach oben und stammelt etwas von „fest" und „Mensch, Leute". Mir ist zwar nicht bekannt, dass sich das Steuerhaus in einer bestimmten Höhe fixieren lasse, aber ich nehme an, die Hydraulik habe nicht richtig funktioniert oder der Schiffmann habe zu spät damit begonnen, das Steuerhaus herunterzufahren und sei deshalb an der Betonbrücke hängengeblieben. Auch der tschechische Matrose, der mir den Befehl zum Losmachen gegeben hatte und nach dem Ablegen erst einmal ein größeres Geschäft verrichten musste, schiebt das Unglück technischem oder menschlichem Versagen zu. „An der Hydraulik wurde etwas gemacht, aber nicht weiß, was", sagt er, zuckt mit den Achseln und schüttelt den Kopf. Das Schiff hatte zuvor erst mehrere Wochen in der Werft gelegen. Der Steuermann, der nach dem Ablegen im Bugstrahlraum verschwunden war, kommt nun auch herbeigeeilt und fragt: „Was ist passiert?" Ich zeige nach oben und sage: „Wir sind offenbar an der Brücke hängengeblieben." Der Schiffmann steuert derweil das Cabrio die knapp fünfhundert Meter zurück zum Startplatz. Dabei ruft er nebenher den Schiffseigner an und sagt so etwas wie: „Wir sind, ich weiß nicht wie, gegen eine Brücke gefahren."

Nach und nach kommen Funktionäre des Wasserstraßen- und Schifffahrtsamts, der Reeder, ein Sachverständiger, Vertreter der Stadt Remseck am Neckar und zwei Beamte der Wasserschutzpolizei an Bord. Erst tags zuvor habe ich mit den beiden Polizisten gesprochen, weil sie auf der Suche nach einem kroatischen Schiffmann waren, den sie fälschlicherweise auf unserem Kahn vermuten. Der Schaden ist enorm. Nicht nur das halbe Steuerhaus hat es weggerissen, sondern auch die Nock an Backbord ist komplett verbogen. Ein Rettungsring liegt zwischen den Scherben auf dem Gangbord und die daran befestigte Lampe blinkt. Wenigstens der Rettungsring funktioniert so, wie er soll, denke ich. Ein älterer Herr vom WSA kommt auf mich zu: „Sind Sie der Schiffmann?" „Nein, ich bin nur Decksmann." Das wird mir an diesem Tag noch häufiger passieren. Er fragt mich, ob es in der Frühe neblig gewesen sei. Ich erwidere, es sei jedenfalls dunkel gewesen. Ob es auch neblig gewesen sei, könne ich nicht mit Sicherheit sagen, aber ich ginge stark davon aus. Als der Steuermann, der Matrose und ich gerade damit beschäftigt sind, ein wenig klar Schiff zu machen, bittet uns einer der Wasserschutzpolizisten, nacheinander zur Zeugenvernehmung in der Wohnung des Schiffmanns zu erscheinen. „Warum jetzt Polizei?", fragt der tschechische Matrose. „Keine Sorge, das geht bestimmt nur eine Minute. Wir haben ja nichts gesehen. Waren doch beide in der Wohnung." Es geht dann doch etwas länger. Als ich an der Reihe bin, fragt mich einer der Beamten gleich zu Beginn der Vernehmung, ob der Schiffmann den Befehl zum Losmachen gegeben habe. „Selbstverständlich", erwidere ich. „Davon gehe ich aus." Er bohrt weiter. „Haben Sie den Befehl zum Losmachen vom Schiffmann gehört? Hat er deutlich so etwas gesagt wie ‚Leinen los!'" Jetzt stutze ich. Ich sage: „Es war ganz klar, dass wir ablegen, aber ich selbst habe den Befehl nicht vom Schiffmann erhalten." Innerlich koche ich, weil ich vermute, der Schiffmann wolle den Schwarzen Peter der Mannschaft zuschieben. Ich kann in diesem Augenblick noch gar nicht begreifen, auf welche Art und Weise die Havarie mit dem Ablegen zu tun haben könnte. Vor dem Ablegen waren der Steuermann, ich und der neue Schiffmann zusammen im Steuerhaus gewesen. Ich hatte ihm den Computer hochgefahren und eingerichtet. Dann war der Steuermann nach vorne gegangen, um das Voraustau loszumachen. Der tschechische Matrose und ich standen gemeinsam hinten an jenem Poller, an dem das Lauftau befestigt war. Nachdem wir beobachtet hatten, wie der Steuermann an Land gegangen war, das Voraustau losgemacht hatte und wieder aufs Schiff zurückgekehrt war, funkte der Matrose den Schiffmann an: „Lego, Andreas?" Nur ein Rauschen. Dann funkte er den Steuermann an. Keine Antwort. Ich sagte: „Das hat keinen Sinn. Das Funkgerät ist schon lange kaputt. Wir benutzen hinten gar keins." Wir warteten noch einmal zehn oder fünfzehn Sekunden. Der Matrose trat einen Schritt zurück, um freie Sicht auf das Steuerhaus zu haben.

Er wedelte mit den Armen. Dann drehte er sich wieder mir zu, riss die Arme hoch und sagte: „Mach los!" Gesagt, getan. Nachdem wir ein paar Meter vom Ufer entfernt waren und das Tau unterm Steuerhaus verstaut hatten, gingen wir in die Wohnung. Der Steuermann verschwand im Bugstrahlraum. Der Matrose ging auf die Toilette und ich richtete mein Frühstück. Dann das Rumpeln.

Ein Landgang im Elsass

Nur noch eine halbe Tagesreise bis Basel, deshalb machen wir schon um 19 Uhr an ein paar Dalben vor einem Kieswerk im Elsass fest. Es ist Freitag, also nichts wie runter von dem Kahn und rein in die nächste Kneipe. Von meinen Kollegen, allesamt Tschechen, möchte sich leider keiner anschließen. Sie freuen sich auf Basel, aber hier wären wir ja mitten in der Pampa. Die Schweiz hingegen, die sei hervorragend. Die beiden Söhne des Schiffmanns wohnen sogar in der Schweiz. In Davos. Einer der beiden, in der Gastronomie tätig, hat seinem Vater schon ein Selfie mit den Klitschko-Brüdern geschickt, die dort am World Economic Forum teilgenommen haben. Der Vater ist stolz auf seine Söhne, auch wenn sie die Schifffahrt an den Nagel gehängt haben. Er leiht mir sein Fahrrad.

An Land zu kommen, ist gar nicht so leicht. Als ich, das Fahrrad in der Linken, einen Ausfallschritt mache, um den Abstand zwischen Schiff und Steg zu überwinden, und mit der Rechten das Geländer fasse, gähnt unter mir der Abgrund. Leicht besorgt denke ich an den Rückweg. Hätte ich einen Hut auf dem Kopf gehabt, ich hätte ihn abgenommen und kurz der vielen Schiffer gedacht, die bei der Rückkehr vom Landgang ihr Schiff nur knapp verfehlten.

Der Drahtesel ist schon ganz schön mitgenommen. Er lehnt ja auch bei Wind und Wetter am Beiboot. Es geht nur noch ein Gang, aber ich komme voran. Immer Richtung Straßburg. Leider sind gefühlt alle Mücken in der Gegenrichtung unterwegs. Was sie bloß alle in der Schweiz wollen? Vielleicht haben bei den Eidgenossen sogar die Schnaken ein besseres Leben ...

Plötzlich sehe ich links der Straße, versteckt hinter ein paar Bäumen, einen Fußballplatz. Ich halte genau darauf zu, denn wo es einen Bolzplatz gibt, dort gibt es in der Regel auch eine Mannschaft, die einen Ortsnamen führt. Und wo es Ortschaften gibt, dort gibt es meistens auch Kneipen. Wo es aber Kneipen gibt, dort gibt es Geschichten. Ich muss nicht lange suchen. Rhinau, so heißt das Kaff, in dem ich gelandet bin, hat mit der Schenke A La Vieille Caserne, also „Zur Alten Kaserne", zwar nur eine Kneipe zu bieten, aber eine mit Charakter. Bevor ich meinen Drahtesel parke und eintrete, klopfe ich noch einmal meine Harrington ab, denn zwischenzeitlich habe ich ausgesehen wie eine Fliegenfalle.

Eine Handvoll Gäste hocken am Tresen. Ein kleiner Junge und ein Mädchen, vermutlich Geschwister, spielen Tischkicker. Eine Zapfsäule, drei Zapfhähne: Auch hier ist der Sprit teurer geworden. Ein volles Glas kostet fünf Euro, ein halbes 2,70 Euro. Mein erstes kleines Bier ist maskulin. Ein grober Schnitzer, den mir die französische Wirtin durchgehen lässt, ohne mit der Wimper zu zucken. Sie kommt aus der Gegend um Lille, aber ihre Familie stammt von der Küste. Vom Pas-de-Calais. Die Kommunikation mit der Wirtin und den wenigen Gästen funktioniert trotz meines marginalen Wortschatzes und meiner noch marginaleren Grammatik zu unser aller Zufriedenheit. Nur auf meine Frage: „Avez-vous le Wi-Fi ici?" weiß zunächst niemand eine Antwort. Erst als ich mein Handy in die Höhe halte und hinzufüge: „Pour l'internet", fällt der Groschen. Mein Fehler war es gewesen, die englische Abkürzung Wi-Fi auch englisch ausgesprochen zu haben und nicht „wie Vieh".

Im Fernsehen werden die Präsidentschaftskandidaten Macron und Le Pen gezeigt. Ich frage in die Runde, wer die Wahl am Sonntag ihrer Ansicht nach gewinnen werde. Ein Mann wiegt den Kopf und deutet mit einer Geste an, es stehe fifty-fifty zwischen dem Titelverteidiger und der Herausforderin. Hier werden sie alle für Le Pen stimmen. Das geben sie unumwunden zu. Macron sei nur gut für die Reichen: „Ce n'est bon que pour les riches", sagen sie. Er wolle das Rentenalter auf siebzig Jahre anheben. Le Pen sei besser für die Franzosen. Ich nicke zustimmend. Und blicke in freudestrahlende Gesichter. Die Nachrichten laufen noch immer. Es geht um Kriegsverbrechen der russischen Söldnertruppe Wagner in Mali.

Noch ein paar kleine Bier, dann betritt ein Mann das Lokal, dem ich sofort ansehe, dass er ein Spaßvogel ist. Er stellt sich an den Tresen, bestellt, reißt einen Witz. Jedenfalls lachen die anderen Gäste und er mit ihnen. Als ich das nächste Bier zapfen lasse, verwickelt er mich in ein Gespräch. Auf Deutsch. Der Mann ist Elsässer von echtem Schrot und Korn. Er heißt Michael. Wir quatschen über alle möglichen Dinge, aber vor allem über das Alemannische, seine Mundart. Ich drücke Bedauern darüber aus, dass das Elsässische über kurz oder lang verschwinden werde, da die Jungen es nicht mehr sprächen. Dass das

Alemannische zumindest in Rhinau noch quicklebendig ist, wird sich nur wenig später zeigen.

Wir laden uns gegenseitig zu einem Getränk ein. Eine seltsame Konvention, da es unterm Strich darauf hinausläuft, dass niemand eingeladen wird. Plötzlich betritt noch ein alter Elsässer das Lokal. Wie sich herausstellt, ist es der beste Freund meines Gesprächspartners. Weil er dessen Wagen vor der Kneipe habe stehen sehen, habe er ebenfalls dort gehalten. Schließlich betritt noch ein dritter Elsässer die Wirtschaft und nimmt an dem Abschnitt des Tresens Platz, den kurz zuvor die letzten Franzosen geräumt haben. Jetzt wogt eine laute und angeregte Unterhaltung auf Deutsch. Der Letzte, der hereinkam, ist in früheren Zeiten Warschauer gewesen.

Die Warschauer haben ihre Brötchen auf dem engen, gefährlichen Rheinabschnitt zwischen Bingen und der Loreley verdient. Wie eine menschliche Ampel regelten sie mit Signalen den Verkehr auf dem reißenden Fluss. Bis ins Jahr 1969 war das so. Dann verschwand das Berufsbild des Warschauers. Es wurde durch den technischen Fortschritt obsolet.

Die drei Männer sind zwischen sechzig und 75 Jahre alt und auch die Wirtin hat schon mindestens ein halbes Jahrhundert auf dem Buckel. Ich frage sie, was denn mit meiner Generation los sei. Es sei doch schließlich Freitag. „Où sont les jeunes filles?" rufe ich lachend und hebe die Achseln. Michael vermutet die jungen Damen am Campingplatz.

Gerade möchte ich ein letztes Mal austreten und mich dann wieder auf mein Rad schwingen, da höre ich Michael erneut bestellen: „Une autre bière pour l'Allemand." Als ich vom Toilettengang zurückkehre, steht schon ein frisch gezapftes Blondes an meinem Platz. Auch das muss vergolten werden. Den alten Warschauer frage ich, wie die Kneipe eigentlich heiße. „A La Caserne", sagt er. Ich verstehe ihn akustisch nicht, frage nochmals nach. „Wie in dem Lied", lacht er und fängt plötzlich an, „Lili Marleen" zu singen. Wir stimmen alle mit ein: „Bei der Kaserne vor dem großen Tor, steht eine Laterne" usw.

Als drei junge Männer hereinkommen, von denen zwei offensichtlich aus dem Maghreb stammen, raune ich Michael zu: „Das sind aber mindestens Südfranzosen. Vielleicht aus dem Languedoc." Wir müssen beide herzlich lachen, was die jungen Männer für einen Augenblick irritiert, aber wir prosten ihnen freundlich zu und es entsteht keine Feindseligkeit.

Um halb zwölf empfehle ich mich schließlich und radle los. Vor der Kirche des Ortes treffe ich dann doch noch auf die Dorfjugend. Ein 13-jähriger, dicklicher Türke scheint der Wortführer der etwa zwanzigköpfigen Gruppe zu sein. Jedenfalls tritt er mit mir in Dialog und die anderen lauschen. Man möchte wissen, wie alt ich bin, wo ich herkomme, ob ich Kinder habe, was ich hier mache und anderes harmloses Zeug. Zuletzt die Gretchenfrage: „Was halten Sie von Macron und Le Pen?" Da ich mich für die Frau ausspreche, fragt der Teenager: „Êtes-vous un raciste?" Meine Entgegnung: „Je suis réaliste." Die Jugendlichen finden meine Antwort lustig und so bekomme ich sogar noch bis zum Ortsausgang eine Eskorte aus Motor- und E-Rollern.

Dann bin ich allein auf der stockfinsteren Landstraße. Ohne Licht. Immer Richtung Basel. Wenigstens keine Mücken. Die sind wohl schon alle über die Grenze. Oder sie sehen mich einfach nicht ...

Im Osten nichts Neues

Mit uns im Zug nach Przemyśl sitzt auch eine junge Frau aus der Ukraine. Einen Monat hat sie als Kriegsflüchtling in Bratislava, Prag und Breslau zugebracht. Jetzt möchte sie zurück nach Odessa, auch wenn dort von Zeit zu Zeit noch russische Raketen einschlagen. Sie fühle sich nur an einem Ort zuhause, und das sei nun einmal Odessa. Ihre Eltern wollten die Ukraine erst gar nicht verlassen. Sie leben in Mykolajiw. Als ich sie frage, ob man mit dem Zug nach Mykolajiw durchkomme, schüttelt sie den Kopf. Auf das Kopfschütteln folgt die pantomimische Darstellung einer Explosion. Sie deutet mit einigen Stichworten an, dass die Gleise ihres Wissens etwas abbekommen hätten. Dabei lacht sie. Der Krieg stumpft ab.

Im Bistro des polnischen Euro-City treffen wir neben einer trinkfesten Gruppe deutscher Geografiestudenten, die in der Hohen Tatra Steine sammeln wollen, einen Mann, der unschwer als Amerikaner zu erkennen ist. Wir freunden uns an. M. reist im Auftrag einer Rüstungsfirma in die Ukraine und soll am nächsten Tag Selenskyj treffen. „Long story short", sagt er: „Wir haben ihnen vor dem Krieg Waffen geliefert und wir liefern ihnen noch immer Waffen." Er ist sich sicher: Wenn die USA nicht gleich bei Kriegsausbruch ihre Waffen- und Munitionslieferungen angekurbelt hätten, gäbe es schon keine Ukraine mehr. Die Munition in den Depots hätte nur für wenige Tage vorgehalten. Sagt er. Und der Mann muss es wissen.

In Przemyśl kehren wir gemeinsam in einem Gasthaus ein. Mit von der Partie ist auch Riccardo, ein hünenhafter Florentiner. Er ist der Manager der italienischen Modemarke Gucci in der Ukraine und war zwei Monate zuvor aus der Hauptstadt geflohen. Nun möchte er zurück. Das Geschäft in Kiew laufe trotz Krieg nicht schlecht. Wieder am Bahnhof, wird uns bewusst, dass Riccardo nicht der Einzige ist, der zurück in die Ukraine möchte. Vor uns stehen ungefähr zweitausend Frauen und Kinder, die dasselbe Ziel haben. Innerlich stelle ich mich schon auf eine lange Nacht an der Grenze ein, aber nach zwei Stunden sitzt tatsächlich jeder, der einen gültigen Fahrschein vorweisen kann, in dem ellenlangen Anschlusszug nach Kiew.

Die ukrainische Hauptstadt wirkt auf den ersten Blick nicht anders, als ich sie kenne, wären da nicht die Sandsäcke, die Monumente vor Granatsplittern schützen sollen. Und die Panzersperren. Mario, mein Begleiter, und ich nehmen im Dream Hostel Quartier. Es gibt außer uns kaum Gäste, und im Treppenhaus hängt ein Zettel, auf dem in mehreren Sprachen verkündet wird, man habe bei Luftalarm die Küche im Keller des Hauses aufzusuchen. Als dann mitten in der Nacht tatsächlich Luftalarm ausgelöst wird, räsoniert Mario darüber, ob wir in den Keller gehen sollten. Ich murmele im Halbschlaf etwas von verschwindend geringer Wahrscheinlichkeit, dass genau das Dach getroffen werde, unter dem sich unser Zimmer befinde. Mario ist derselben Ansicht, also schlafen wir weiter.

In Kiew besichtigen wir eine Fabrik für militärische Bekleidungs- und Ausrüstungsgegenstände, führen ein längeres Interview mit dem Kommandeur der Georgischen Legion und werden von Riccardo in einem italienischen Restaurant zum Abendessen eingeladen. Im Anschluss bittet uns der elegante Lebemann noch auf eine Tasse Tee zu sich nachhause. Er lebt in einer Gated Community für Reiche und Schöne, aber der nächtliche Luftalarm hat ihm ein wenig zugesetzt. Das erste Bild, das mir in seiner stilvoll eingerichteten Wohnung auffällt, zeigt Marlon Brando als Don Vito Corleone, den Paten. Ich bin begeistert.

Am nächsten Morgen geht es mit dem Zug nach Charkiw. Von dort aus wollen wir als Kriegsberichterstatter zu einem Bataillon im Frontabschnitt der 93. Brigade stoßen. Dafür müssen wir aber zunächst nach Lozova. Wir fragen zwei junge Männer, die ein wenig Englisch sprechen, ob es einen Bus nach Lozova gebe. Sie sind äußerst hilfsbereit, laufen mit uns zu einem Busbahnhof in der Nähe, dann wieder zurück zum Hauptbahnhof und schließlich zu einer weiteren Station. Hier kaufen sie zwei Fahrscheine für uns. Sie weigern sich beharrlich, unser Geld dafür zu nehmen. „Sláva Ukrayíni!", rufen sie, als sie uns zum Abschied kräftig die Hände schütteln.

Etwa anderthalb Stunden müssen wir warten, bevor unsere Bahn abfährt. Die einzige an diesem Tag. Wir hatten Glück. Auf den Stufen des Bahnhofs nimmt neben uns ein Mann in Uniform und umgehängter AK 74 Platz. Der 48-jährige Sergeij war vor dem Krieg Metzger. Er macht mir mittels Zeichensprache und einem unverkennbaren Grunzen verständlich, dass er vor der russischen Invasion Schweine geschlachtet habe. Darauf zieht er sein

Kampfmesser, fuchtelt ein wenig damit herum und sagt lachend, mittlerweile müsse er eben Russen schlachten. Ich begreife schon, bevor mir ein 13-jähriges Mädchen seine Worte ins Englische übersetzt. Auch das Mädchen ist amüsiert. Wieder wird mir bewusst, wie sehr der Krieg abstumpft. Sergeij gehört der 92. Brigade an. Er lässt es sich nicht nehmen, uns zum richtigen Gleis zu begleiten.

Mit der Holzklasse bummeln wir nach Lozova. Eine trostlose Stadt, größtenteils evakuiert. Sie war wiederholt Ziel russischer Raketenangriffe. Nach einigen Stunden des Wartens werden wir von einem jungen Leutnant abgeholt. Als wir die Baracken des 49. Infanteriebataillons betreten, sitzen gerade ein paar Männer beim Reinigen der Waffen. Kurz hintereinander lösen sich zwei Schüsse. Der Leutnant tobt. Die Männer des 49. Infanteriebataillons, das erst kurz vor unserem Besuch in die reguläre Armee eingegliedert wurde, sind zumeist keine Berufssoldaten. Es sind in erster Linie Handwerker, Bauern und Arbeiter, aber auch Geschäftsleute, Anwälte und IT-Spezialisten, kurz: ein Querschnitt der ukrainischen Gesellschaft. Preußische Disziplin ist nicht ihr Aushängeschild, aber Krieg führen, das können sie. Davon können Mario und ich uns tags darauf bei einem Frontbesuch in Barwenkowo und Virnopillya überzeugen. Taktisch ist man den fünf zu eins überlegenen Russen weit voraus.

Zur Unterstützung der Ukrainer sind neben einer Amerikanerin zwei britische Sanitäter vor Ort: „Conor" und „Moth". Sie gehören selbst keiner Einheit an und bekommen für ihren lebensgefährlichen Einsatz unter dem Trommelfeuer der russischen Artillerie keinen Cent.

Als ich zwei Tage später wieder im Bus Richtung Polen sitze, vibriert mein Handy. Eine Nachricht von Moth. Die Russen hätten am Vortag angegriffen, seien aber zurückgeschlagen worden. Er fragt mich, ob ich mich noch an das Haus erinnern könne, in dem wir uns die meiste Zeit aufgehalten hätten. Es sei vollkommen zerstört worden. Auch ihr Einsatzfahrzeug sei nicht mehr zu gebrauchen: „A tank shot behind us on our way to a casualty and shrapped our rear tires." Kurz darauf lese ich die Schlagzeile, Präsident Selenskyj habe verlauten lassen, es gebe keine wesentlichen Veränderungen des Frontverlaufs im Donbass. Alle Durchbruchsversuche der Russen seien gescheitert. Im Osten nichts Neues.

An der Front

Lozova ist ein gottverlassener Ort in der Ostukraine. Seit die Stadt infolge des Krieges teilweise evakuiert wurde, wirken die trostlosen Plattenbauten geradezu gespenstisch. Die zahlreichen Krähen über der Geisterstadt, die wiederholt Ziel russischer Raketenangriffe war, lassen Mario und mich an Hitchcocks Vögel denken. Ein Gewitter bricht los. Wir stellen uns irgendwo unter. Ein vor Dreck starrender Straßenköter sucht neben uns Schutz vor dem strömenden Regen. Wir warten.

Abgeholt werden wir ein paar Stunden später von einem jungen Leutnant und seinem mindestens siebzigjährigen Fahrer. Der Spitzname des Leutnants ist „Robot" und er macht diesem Spitznamen alle Ehre. Er ist ein echter Nerd, hat zunächst Maschinenbau und dann Soziologie studiert, wirkt aber im Umgang mit Menschen ziemlich unbeholfen. Er vermeidet um jeden Preis Blickkontakt und ist peinlich bemüht, nichts Falsches zu sagen. Eine Junior-Professur in Maschinentechnik stünde ihm besser zu Gesicht als ein halber Zug Rekruten. Trotzdem befehligt er einen. Dabei profitiert er nicht zuletzt von der Erfahrung seines argentinischen Sergeanten „Messi". Dessen Gruppe besteht aus einem weiteren Argentinier, drei Brasilianern, einem Amerikaner, einem Briten, einem Australier und einem Taiwanesen.

Der Taiwanese spricht kaum ein Wort Englisch, aber der mit Knast-Tattoos übersäte Australier dafür fließend

Mandarin! Mario und mir verschlägt es die Sprache, als der Aussie mühelos synchron übersetzt. Er wäre der Letzte in der Gruppe gewesen, dem wir eine solche Leistung zugetraut hätten.

„Denver" aus Colorado wirkt zwischen all den tätowierten Veteranen, unter ihnen auch ein ehemaliger Fremdenlegionär, ein wenig deplatziert. Er ist 25 Jahre alt, kommt frisch vom College und sieht aus wie der perfekte Schwiegersohn. Denver ist der Größte in der Gruppe und hat sich daher freiwillig als MG-Schütze gemeldet. Die US-Armee wollte ihn nicht haben. Aufgrund irgendeiner medizinischen Vorbelastung. Auch bei der Internationalen Legion hat man seine Bewerbung abgelehnt. Der Grund: keine militärische Erfahrung. Und so ist er nach einer wahren Irrfahrt durch die Ukraine schließlich hier gelandet. Bei den 49ern.

Das Bataillon war bis eine Woche vor unserem Besuch Anfang Juni 2022 eine reine Freiwilligenmiliz, benannt nach den ebenfalls irregulären Verbänden Transkarpatiens kurz vor Ausbruch des Zweiten Weltkriegs. Weil sich die Einheit seit Beginn der russischen Invasion allerdings besonders ausgezeichnet hat, wurde sie als erste Gliederung von Freiwilligen in die reguläre Armee überführt. Seither trägt die Formation die Bezeichnung 49. Infanteriebataillon und die Soldaten erhalten Verträge, einheitliche Uniformen sowie einen ordentlichen Sold.

Seit dem 6. April hält die Einheit den ihr zugeteilten Frontabschnitt um Barwenkowo und Virnopillya, ohne auch nur einen Meter ukrainischen Bodens aufgegeben zu haben.

Dieser Umstand hat die Führung der ukrainischen Armee dazu veranlasst, die einzigartige Struktur des Bataillons zu tolerieren, denn der Kommandeur bekleidet nur den Rang eines einfachen Leutnants, nicht, wie üblich, den eines Oberstleutnants. Allerdings mangelt es der Einheit nicht an erfahrenen Offizieren. Uns wurde gesagt, es gebe sogar einen Oberst in den Reihen der Freiwilligen, der als einfacher Soldat seinen Dienst versehe. Überhaupt trägt niemand außer Robot Dienstgradabzeichen.

Nach einer unbequemen Nacht im Schlafsack auf dem harten Fußboden geht es mit dem Kommandeur zunächst nach Barwenkowo und dann weiter nach Virnopillya. Am Steuer Rossil, 38, kurzer schwarzer Bart, im zivilen Leben wahrscheinlich Rennfahrer. Er jagt den Mitsubishi mit Allradantrieb über schlammige Feldwege und über Getreidefelder, dass man meint, es gebe einen Preis zu gewinnen. Und in der Tat: der Preis ist das eigene Leben, wie wir wenig später erfahren werden.

An der Front angekommen, werden wir im Gefechtsstand genauestens über die aktuelle Lage in Kenntnis gesetzt. Wir sind verblüfft über das Vertrauen, das man uns Journalisten im Stab entgegenbringt. Es ist der erste Morgen seit Wochen, an dem die Stellungen nicht pausenlos von russischer Artillerie beharkt werden. Direkt vor dem Eingang des Gebäudes steckt ein Blindgänger vom Vortag. Ein ziemlicher Brummer. Man weiß nicht recht, wie man das atypische Verhalten der Russen deuten soll. Normalerweise schießen sie drüben aus allen Rohren, haben sie doch, im Gegensatz zu den Ukrainern, keinen Mangel an Munition. Vielleicht die Ruhe vor dem Sturm?

Besonders angetan sind wir von dem alten Hauptmann, der uns am Kartentisch die Lage auseinandersetzt, und einem Mann, der auf den Spitznamen „British" hört. Er hat fast drei Jahrzehnte lang als Geschäftsmann auf der Insel gelebt, ist aber zu Beginn der russischen Aggression in seine Heimat zurückgekehrt und befehligt jetzt die englischsprachigen Freiwilligen an diesem Frontabschnitt. In der Einheit dienen Männer aus 28 Nationen, darunter auch ein Deutscher. British ist gewiss der Stabsoffizier mit den markantesten Gesichtszügen. Ihm fehlt ein Finger an der rechten Hand, aber ich frage nicht, bei welcher Gelegenheit er ihn eingebüßt hat, als ich ihm zur Begrüßung die Hand schüttele.

Als der alte Hauptmann auf einen Punkt auf der Karte zeigt und sagt: „Hier befindet sich ein weiterer russischer Panzer mit freier Schusslinie in diesem Sektor", hake ich nach: „Auf welche Entfernung schießt so ein Panzer einigermaßen zielgenau?" „Etwa auf sechs Kilometer", kommt es zurück. „Aber wir sind doch über diesen Weg gekommen? Das sind nur zwei Kilometer." British sieht mich vielsagend an und nickt: „It's happened before."

Ob wir das ausgebrannte Auto am Waldrand bemerkt hätten, möchte er wissen. Und ob! Wir mussten ihm ausweichen ...

Dass die Männer und Frauen des Bataillons der vielfachen russischen Übermacht schon so lange standhalten, liegt auch an ihrer exzellenten Drohnenaufklärung. Kurz nach dem allgemeinen Briefing erscheinen drei durchgeschwitzte Soldaten im Gefechtsstand. Sie sind gerade von einer Drohnenmission zurückgekehrt. Nun wird das Videomaterial ausgewertet. „Hier, das ist eine neue russische Panzerstellung" jubelt der nerdige Drohnenspezialist begeistert und zoomt heran. Man erkennt mit bloßem Auge, wie ein russischer Soldat mit einer Rolle Klopapier in der Rechten zu seinem Panzer zurückschlurft. „Der war gerade scheißen!", rufe ich lachend. Auch die anderen prusten vor Lachen.

Später am Tag lernen wir die britischen Sanitäter „Conor McGregor" und „Moth" kennen. „Moth" ist 33 und hat sieben Jahre als Medic in der britischen Armee zugebracht, während der 23-jährige „Conor" über keinerlei militärische Erfahrung verfügte, als er sich dazu entschloss, in die Ukraine zu gehen, um zu helfen. Mittlerweile hat er wohl häufiger unter Beschuss Leben gerettet als so mancher Combat-Medic mit zehnjähriger Dienstzeit. Durch umherfliegendes Geröll am Rücken verletzt, sollte er sich eigentlich schonen, aber er tut es nicht. „They will never get me. I'll never be caught alive", sagt er, zeigt auf seine Pistole und fügt hinzu: „That's why I carry a pistol." Zu dem Team gehört auch eine sympathische Amerikanerin mit polynesischen und afrikanischen Wurzeln, der man ansieht, dass sie in kurzer Zeit sehr stark abgenommen hat. Den dreien haben es die Ukrainer zu verdanken, dass die Mortalitätsrate bei schweren Verletzungen an diesem Frontabschnitt von siebzig Prozent auf dreißig Prozent gefallen ist. Sie sind im Augenblick schlicht unersetzlich.

Das ehemalige Schulgebäude von Virnopillya ist fast vollständig durch Artillerietreffer zerstört, aber im Keller haben sich die 49er häuslich eingerichtet und trotzen dem zermürbenden Beschuss. Sieges- und Durchhalteparolen stehen an den Wänden. Daneben hängen Bilder, die von Kindern der Soldaten gemalt wurden. Essen wird gekocht, Kranke und Verwundete werden versorgt.

Da gerade nur die eigene Artillerie feuert, wagen wir uns in die Schützenlöcher in Nähe der feindlichen Stellungen. Begleitet werden wir auf diesem flotten Frontspaziergang von einem zutraulichen Ziegenbock, dem die ukrainischen Soldaten den Namen Kadyrow verpasst haben. Als wir am späten Nachmittag wieder in den Mitsubishi steigen, beginnt die russische Artillerie allmählich aus ihrem Dornröschenschlaf zu erwachen. Etliche Detonationen sind zu hören. In etwa zweihundert Metern Entfernung steigt eine schwarze Rauchsäule auf. Ich ziehe den Kopf ein und freue mich zum ersten Mal darüber, einen Helm zu tragen. Der Fahrer zeigt sich unbeeindruckt. Nur knapp weicht er einem Blindgänger aus, der in der Fahrbahn steckt. „Muss gerade runtergekommen sein, das Teil", murmelt Mario.

Auch in Barwenkowo geraten wir an diesem Abend noch unter Beschuss, aber die Einschläge liegen nicht allzu nah. Spät nachts sind wir schließlich wieder in Lozova und verbringen eine weitere Nacht auf dem harten Fußboden.

Als Robot, Messi und die anderen ausländischen Freiwilligen am nächsten Tag an die Front verlegt werden, haben wir eine vage Vorstellung davon, was sie erwartet. Wir drücken sie alle recht herzlich. Niemand weiß, wie lange ihr Fronteinsatz dauern wird. Ich rufe ihnen noch nach: „Don't get yourselves killed!" Wir hoffen, dass sie alle lebendig und unversehrt zurückkehren, aber wir wissen, dass das in diesem Krieg gegen jede Wahrscheinlichkeit wäre.

Pforzheimer Nächte

Ich bin gerade mit meiner Mitbewohnerin Chiara am Vorglühen, da meldet sich eine alte Schmuse. Das trifft sich gut, weil Chiara auf eine Geburtstagsfeier eingeladen ist, auf der ich unerwünscht bin. Das Geburtstagskind hat mich aus politischen Gründen zur Persona non grata erklärt. Meine alte Schmuse erzählt mir von ihren Beziehungsproblemen, die allerdings vor dem Hintergrund ihres Alkoholproblems zu einer unwichtigen Nebensache verblassen. Ich empfehle ihr dringend einen betreuten Entzug.

Als wir später am Café Sensi vorbeikommen, in dem die Geburtstagsfeier stattfindet, entpuppt sich der Türsteher nicht nur als Inhaber des Lokals, sondern auch als ihr ehemaliger Betreuer. Sie hatte als Jugendliche mehrere Jahre in einem Heim zugebracht. Als sie achtzehn Jahre alt war und ich gerade in Heidelberg studierte, büxte sie wiederholt aus dem Heim aus und fuhr mit der Bahn zu mir. Ihr Betreuer hatte damals einen regelrechten Hass auf mich. Da sie merkt, dass er mich nicht erkennt, sagt sie: „Das ist Jonathan. Aus Heidelberg." Daraufhin mustert mich der Sozialarbeiter/Türsteher/Gaststättenbetreiber streng und sagt: „Ach, *der* Jonathan!" Als ich ein paar Meter weiter von einem in Deutschland aufgewachsenen Kumpel südasiatischer Herkunft überschwänglich gegrüßt werde, spüre ich förmlich, wie bei meiner Begleiterin und ihrem ehemaligen Betreuer alle möglichen Synapsen auf einmal feuern. Ein wahres Feuerwerk der kognitiven Dissonanz.

Nachdem wir im Zeitlos (dem ehemaligen Pflaumenbaum) noch einmal auf die gute alte Zeit angestoßen haben, verabschiede ich mich und nehme Kurs auf die Vergangenheit. Allerdings liegt vor der Kneipe namens Vergangenheit noch das mir bis dahin unbekannte Nordstadt Pub. Ohne zu säumen, trete ich ein. Es wird Rumänisch gesprochen. Eine wunderbare Gelegenheit, meine Sprachkenntnisse aufzufrischen, denke ich und bestelle ein Bier bei der Bardame. Tatsächlich entwickelt sich zwischen Diana, der Frau hinterm Tresen, und mir eine nette Unterhaltung. Da es sich bei der Dreißigjährigen um eine Szeklerin aus Târgu Mureș handelt, deren Muttersprache Ungarisch ist, sprechen wir beide langsam und deutlich. Das geht gut. Irgendwann klinkt sich ein Zigeuner aus Arad ein. Leider nuschelt er fürchterlich und die Musik ist laut. Da ich ihn nicht ständig unterbrechen möchte, um ihm zu sagen, dass ich ihn nicht verstehe, nicke ich einfach immerzu und zucke ab und an mit den Achseln, wenn mir das aufgrund seines momentanen Gesichtsausdrucks passender erscheint. Eigentlich möchte ich längst das Weite suchen, aber Diana besticht mich mit ihren perfekten Milchtüten. Der Anblick lädt zum Verweilen ein, also „încă una, te rog" und „Egészségedre!" Der Moment des Abends ist sicherlich, als der alte Zigeuner irgendwann dahinterkommt, dass ich kaum die Hälfte von dem verstehe, was er mir erzählt, und einem Bekannten zuruft, ich sei zwar aus Rumänien, spräche aber besser Ungarisch als Rumänisch. Diana und ich lachen fast Tränen, weil wir wissen, dass das nicht stimmt. Mein ungarisches Vokabular beschränkt sich auf ein Repertoire von wenigen Floskeln, die ich bei einer Exfreundin aufgeschnappt habe.

Irgendwann schaffe ich es dann doch, mich loszureißen und lande endlich in der Vergangenheit. Modern Talking wird gespielt und ein älterer Herr bewegt sich wie ein Roboter zu der Musik. Erst ein Bier später wird mir klar, dass der Mann körperlich beeinträchtigt ist und sich gar nicht anders bewegen kann. Hinterm Tresen steht Nikki, die sich lebhaft daran erinnert, wie ich bei einem meiner letzten Besuche den Pfefferstreuer in meinen Gin gehauen habe. Sie hat sich gut gehalten, aber ihr fehlt auf beiden Seiten mindestens ein Backenzahn. Die nächste halbe Stunde sinniere ich darüber, ob das wirklich so entscheidend ist.

Beschwingt und mit einem irischen Volkslied auf den Lippen geht es durch die Pforzheimer Unterführung Richtung Porter House. Unter den Gleisen der Goldstadt treffe ich auf die Frau, die ihren Geburtstag im Café Sensi gefeiert hat. Sie hat sich bei ihrem Schmusi untergehakt und verzieht bei meinem Anblick das Gesicht. Hatte ich meiner Mitbewohnerin ein paar Stunden zuvor noch aufgetragen, ihr *keinen* Gruß von mir auszurichten, bin ich jetzt allerbester Laune, möchte am liebsten die ganze Welt umarmen und kann gar nicht anders, als im Vorbeigehen meine Geburtstagsglückwünsche hinauszuposaunen. Wie ernst ich es damit meine, weiß ich zugegebenermaßen selbst nicht so genau. Im Porter House freunde ich mich mit ein paar Handwerksburschen an. Sie sind neben mir die letzten Gäste. Die Stimmung ist ausgelassen und ich schlürfe genüsslich an meinem Tom Collins. Plötzlich mustert mich einer der jungen Feinwerkmechaniker von Kopf bis Fuß und sieht mich auf eine Art und Weise an, die mir sofort anzeigt, was er auf dem Herzen hat. Seine Lippen bewegen sich. Mehrmals versucht er Worte zu formen und verwirft sie wieder, noch ehe sie seinen Mund verlassen. Dann fragt er ganz vorsichtig: „Bist du eher von der rechten Seite als von der linken?" Lachend erwidere ich: „Wenn du das so meinst, wie du es fragst, dann ist die Antwort ja. Ich bin eher rechts als links, aber längst nicht so radikal wie früher." Das scheint meinem Gegenüber als Stichwort zu genügen und er kommt jetzt richtig in Fahrt, ist gar nicht mehr zu bremsen. Einer der anderen Gesellen pflichtet ihm bei. Schon seit vielen Jahren bin ich der politischen Diskussionen beim Feiern überdrüssig, ja ich vermeide sie um jeden Preis. So versuche ich auch dieses Mal, dem Gespräch eine andere Richtung zu geben, aber einen Spruch muss der junge Mann, der sich in kurzer Zeit in Rage geredet hat, noch loswerden: „Normal g'höre die ganze Politiker alle g'hängt oder verschosse! Des isch moi Moinung." So hat halt jeder seine Meinung, aber meine ist es nicht. Der gute Mann will mir trotzdem noch einen Cocktail bestellen. Ich lehne dankend ab, er insistiert. Ich zeige demonstrativ auf das Ziffernblatt meiner Armbanduhr und erwähne, dass ich um acht Uhr aufstehen müsse, um rechtzeitig bei der Arbeit zu sein. „Sonntags?!", kommt es ungläubig zurück. Ich erinnere daran, dass es auch Berufe gebe, für die das Verbot der Sonntagsarbeit keine Geltung habe. Alles zwecklos. Der Cocktail soll bestellt werden. Da kommt mir Kenny, der Wirt, zu Hilfe, indem er die geile Layla auflegt und das Licht anknipst: Zapfenstreich.

Kohldampf. Zielstrebig halte ich auf die Dönerbude am Bahnhof zu, neben der Pizzeria Centro die einzige Anlaufstelle für hungrige Zecher um diese Uhrzeit. Als ich meinen Yufka bezahlen möchte, ruft ein Mann hinter mir, er wolle die Rechnung begleichen. Er weiß gut über mich Bescheid. Es stellt sich heraus, dass wir einen gemeinsamen Bekannten haben, bei dem er in meinem Buch *Kapriolen auf Messers Schneide* geschmökert hat. Kaum haben wir uns an einem Tisch vor dem Imbiss niedergelassen, ruft ein baumlanger Kerl mit rotblondem Bart: „Jonathan Stumpf! Ich fass es nicht!" Und an seine weibliche Begleitung gewandt sagt er: „Mit dem Jonathan hab ich im ersten Lehrjahr in Karlsruhe ein Referat über den Dickmaulrüssler gehalten." Das stimmt mit Sicherheit und das Gesicht des Mannes kommt mir durchaus bekannt vor, aber ich muss tags darauf erst einmal googeln, um wieder eine vage Vorstellung davon zu haben, was so ein verdammter Dickmaulrüssler überhaupt ist. Dem Mann, der mir mein Nachtessen spendiert hat, schenke ich natürlich zum Ausgleich ein Exemplar des Buches, in dem er bereits herumgelesen hat. Er wohnt ebenfalls in der Oststadt und so geht die Nacht mit einer Autogrammstunde zu Ende, weil er auf eine Widmung besteht.

Beim Wanderzirkus

Als ich das Gelände betrete, ist es zunächst der Schwager des Zirkusdirektors, dem ich über den Weg laufe. Die neun Monate alte Tochter neben sich im Kinderwagen, ist er gerade damit beschäftigt, einen Zirkuswagen zu streichen. Als ehemaliger Leichtmatrose gehe ich ihm ein wenig zur Hand. Schnell wird mir klar, dass unter Zirkusleuten ein ganz eigener Soziolekt gesprochen wird. Auf das Deklinieren von Substantiven wird durchweg verzichtet. Sie haben offenbar nur im Nominativ eine Existenzberechtigung. Allerdings wird der Numerus bei Wörtern im Plural durch die typischen Endungen markiert. Meine Frage, ob er ursprünglich aus Norddeutschland stamme, weil er häufig das Wörtchen „ne" gebrauche, wo der Süddeutsche in der Regel „gell" verwende, verneint er lachend: „Ich komme aus der Nähe von Stuttgart. ‚Ne', das isso bei die Zirkusleute. ‚Ne', das sagen wir alle." Ich bin verblüfft, dass trotz der Leonberger Heimat des 29-Jährigen keinerlei süddeutsche Sprachfärbung vorhanden ist, sondern die eigenwillige Grammatik der Zirkusleute mit einer sehr klaren, hochdeutschen Aussprache einhergeht. Manchmal wird zur Pluralbildung von Substantiven auch ein „S" angehängt, wo laut Duden keines vorhanden ist. Beispiel: „Hast du schon Wasser bei die Hundes?"

Ich schlage mein Zelt im Schatten eines großen Wagens auf und warte auf das Eintreffen Harrys, des Zirkusdirektors. Der muskulöse Mann mit Stirnglatze ist nicht nur Familienoberhaupt und Zirkusdirektor, sondern auch selbst Artist. Nachdem er als junger Mann mehrere Stürze aus schwindelerregender Höhe vom Trapez nur knapp überlebte, hat er sich auf das Kunstreiten verlegt. Dabei springt er auf Pferde, die in vollem Galopp um die Manege preschen, und vollführt auf deren Rücken Saltos. Wer sich nun mit Blick auf das Tierwohl darüber echauffieren möchte, dem sei gesagt: Die Kaltblüter, mit denen diese Nummern aufgeführt werden, wiegen etwa eine Tonne. Bei einem durchschnittlichen Körpergewicht von 77 Kilogramm bringt ein solcher Hengst also so viel auf die Waage wie dreizehn ausgewachsene Menschenkinder. Harry kann auf eine lange Familientradition zurückblicken. Der in die Jahre gekommene Artist gehört zum Zirkusadel der achten Generation. Er hat acht Brüder und zwei Schwestern, die – mit Ausnahme einer Schwester – alle selbst einem kleinen Wanderzirkus vorstehen. Seine Tochter hat bei den Jugendspielen des Internationalen Zirkusfestivals von Monte-Carlo als Akrobatin einen goldenen Clown abgestaubt.

Als Wiege des klassischen Zirkus gilt das industrialisierte England. Seit Mitte des 18. Jahrhunderts hatte sich dort die Reitkunst nach und nach vom höfischen oder militärischen Zeremoniell emanzipiert. Kunstreiter, die sich zu Gesellschaften zusammenschlossen, traten auf. Die Auftrittsorte waren bretterumzäunte Flächen unter freiem Himmel – Vorformen der späteren Manege. Bald hatte sich indes das überdachte Spielhaus etabliert. In den Pausen zwischen den Kunstreitern gab es Showeinlagen von Clowns und Akrobaten. Während der antike Assoziationen evozierende Begriff „Circus" noch von den

Dressurreitern der ersten Stunde abgelehnt wurde, setzte er sich im 19. Jahrhundert vollends durch. Diese Entwicklung wurde nicht zuletzt durch ein napoleonisches Theaterdekret befördert, das es untersagte, das Aufführen von Kuriositäten und Ähnlichem weiterhin als Theater zu bezeichnen. Fanden Zirkusaufführungen zunächst nur in festen Spielhäusern statt, revolutionierte eine Erfindung aus den Vereinigten Staaten ab der zweiten Hälfte des 19. Jahrhunderts das Zirkuswesen weltweit: das Zirkuszelt. Bereits 1830 hatte der Zirkusdirektor Aron Turner ein einmastiges Leinwandzelt mitgeführt. Das Zelt gestattete es dem Zirkus, auch in Städten aufzutreten, die zu klein waren, um über ein eigenes Spielhaus zu verfügen. Das goldene Zeitalter des Zirkus brach in Deutschland und Europa mit der Ausbreitung des Wanderzirkus an und hatte seinen Höhepunkt in den 1920er Jahren.

Nachdem wir die Pferde und Kamele getränkt und mit frischem Heu versorgt haben, trainieren Harry und ich zusammen im Zirkuszelt. Die erste Übung ist mir aus dem Fitnessstudio vertraut. Mit einer SZ-Stange wird der Bizeps aufgepumpt, allerdings nicht mit drei Sätzen zu je acht Wiederholungen, sondern mit sechs Sätzen zu je sechzig Wiederholungen. Obwohl ich nach dem dritten Satz kaum noch die Hälfte der Wiederholungen packe, ist Harry sehr angetan von meinen Leistungen. Als wir die Sprungkraft trainieren, schmunzelt er, er würde mich sofort zum Artisten ausbilden, wenn die Zeiten besser wären. Ich hätte die besten Voraussetzungen. Aber die Zeiten sind schlecht. Weder Artisten noch Clowns haben etwas zu lachen, seit das Coronavirus von sich Reden macht. Zwei Jahre lang durften überhaupt keine Aufführungen stattfinden. Zwar heißt es mittlerweile wieder „Manege frei!", aber die Besucherzahlen sind noch nicht auf dem Stand, auf dem sie vor der Pandemie waren. Die Lockdowns haben noch mehr Menschen als zuvor zu Netflix-Junkies werden lassen. Couch-Potatoes, die ihre Wohnung kaum noch verlassen.

Hinzu kommen die gestiegenen Spritpreise, die höheren Kosten für die Entsorgung von Müll und das Problem der Futterbeschaffung. Nur noch die ganz Großen, etwa Zirkus Krone oder Charles Knie, können es sich deshalb leisten, durch die ganze Republik zu touren. Kleinere Wanderzirkusse ziehen nur noch in einer bestimmten Region umher, in der sie mit den Bauern und den Betreibern der Deponien seit Jahren auf gutem Fuß stehen. Das spart Kosten.

Wieder Wasser unterm Arsch

Ziemlich genau sechzig Minuten Fußmarsch sind es vom Bahnhof Gent-Dampoort bis zum Euro-Silo, wo gerade ein niederländisches Frachtschiff liegt, auf dem ich Heuer genommen habe. Auf diese Weise lerne ich auch die weniger schöne Seite dieser flandrischen Stadt kennen, die ich fünf Jahre zuvor mit einer englischen Kommilitonin besucht habe. Seither durfte Gent, dem im Mittelalter aufgrund des dort blühenden Tuchhandels eine überragende Bedeutung zukam, in keiner Aufzählung fehlen, wenn mich jemand nach meinen Lieblingsstädten fragte. Bewaffnet mit einem vollgestopften Seesack, Knut Hamsuns Landstreicherromanen und einem Laptop geht es an Bord. Geladen wird gerade Rapssaat, die für den Hafen Spijk in der niederländischen Provinz Gelderland bestimmt ist. Aufgrund des für Flandern und die Niederlande gleichermaßen typischen Sauwetters muss der Ladevorgang kurzzeitig unterbrochen werden. Mithilfe eines hydraulischen Hebewagens werden die Lukendeckel in Position gebracht, um die Fracht vor dem einsetzenden Starkregen zu schützen.

Bei den Schiffseignern handelt es sich um eine Familie aus den Niederlanden. Man nennt solche Leute in der Binnenschifffahrt Partikuliere. Kennengelernt habe ich sie etwa ein Jahr zuvor in Mannheim auf dem Neckar. Angelockt von einem wüsten Geschrei, ging ich nach achtern, wo der serbische Steuermann und der polnische Matrose in ein Wortgefecht mit der niederländischen Steuerfrau eines fremden Schiffs verwickelt waren. Alles in gebrochenem Deutsch, der *Lingua franca* auf Rhein und Neckar. Wie in einem alten Stummfilm mit Stan Laurel und Oliver Hardy in den Hauptrollen, kamen nun auf beiden Seiten immer mehr Menschen hinzu, um mitzumischen. Auf meinem Containerschiff erst ich, dann der polnische Schiffmann, drüben erst der Vater, dann Freund und Schwester und schließlich die ganze Familie nebst philippinischem Matrosen. Es stellte sich heraus, dass die Steuerfrau den Steuermann meines Schiffes darum gebeten hatte, dem Schiffmann zu sagen, er möge vor dem Anlegen noch ein paar Meter fahren. Als der polnische Matrose hinzugekommen war, hatte er gefragt: „Was ist los?" Der serbische Steuermann hatte geantwortet: „Ist nur diese Frau. Die will was." Über die in ihren Augen despektierliche Kombination des Adverbs „nur" mit dem Substantiv „Frau" hatte sich die Niederländerin so geärgert, dass der Streit eskaliert war. Ich warf zwei- oder dreimal ein, es handele sich bloß um ein Missverständnis, aber meine Worte gingen im allgemeinen Gebrüll unter. Der polnische Schiffmann hielt zu seiner Mannschaft und bewegte den Frachter keinen Meter mehr vorwärts. Die Niederländer mussten ihren Kahn in einer Flussbiegung festmachen. Als ich kurze Zeit später zu einem griechischen Lokal ging, in dem ich mit einem Bekannten aus Mannheim verabredet war, traf ich die holländischen Partikuliere wieder. Nach zwei Bier winkten sie mich an ihren Tisch herüber, begannen ein freundliches Gespräch und machten halb im Scherz den Versuch mich abzuwerben. Da ich mir dachte, es könne sich irgendwann bei der Suche nach Arbeit auszahlen, mit Partikulieren auf gutem Fuß zu stehen, tauschte ich gerne meine Nummer mit dem Schiffer.

Es ist das erste Mal, dass ich auf einem Schüttgutfrachter arbeite. Das 106 Meter lange und knapp zwölf Meter breite Schiff ist Mitte der 2000er Jahre vom Stapel gelaufen und damit auch das modernste, auf dem ich je gefahren bin. Man muss die Hauptmaschine nicht alle paar Stunden von Hand abschmieren, wie ich es von Schiffen älterer Bauart gewohnt bin. Und dass es an Bord Wi-Fi gibt, kann ich erst gar nicht glauben. Aber es stimmt. Vor uns liegt ein rostbrauner Seelenverkäufer, auf dem es mit Sicherheit kein Internet gibt, an Backbord die Lowlands Mimosa. Wie ein Mimöschen sieht das bullige Monstrum von einem Schiff allerdings nicht gerade aus. Der Eisberg, den das Ding rammt, möchte ich jedenfalls nicht sein.

Die Wohnung auf dem Vorschiff teile ich mit Juwardo, einem indonesischen Matrosen. Er möchte „Ju" gerufen werden, ist Moslem und wäscht sich vor dem Gebet, auch wenn er kurz zuvor geduscht hat. Die Suppe, die Ju kocht, schmeckt ausgezeichnet. Die ersten Schleusen sind Salzwasserschleusen, dann geht es auf die Westerschelde. Sie ist der südlichste niederländische Meeresarm. Ein leichtes Unwetter: Das Schiff beginnt ein wenig zu schaukeln, nicht stark, nur ein kleines bisschen, aber es tut gut, wieder Wasser unterm Arsch zu haben. Stundenlang warte ich abends auf den Befehl, den Anker fallen zu lassen, aber er kommt nicht. Auch hierfür liegt die Ursache in der modernen Bauart des Frachters, der über zwei sogenannte Ankerpfähle verfügt, die das Auswerfen oder

Fallenlassen des eigentlichen Ankers obsolet machen. Das ist das Ende eines Prinzips, das mindestens seit der Bronzezeit bekannt war: Leine oder Kette in Kombination mit einem schweren Gegenstand. Auch das Schwojen, das einlullende Hin- und Herdrehen eines ankernden Schiffes im Wind, ist damit passé. Stattdessen fixieren die auch Stelzen genannten Ankerpfähle das Schiff an einer ganz bestimmten Stelle im Flussbett. Zweifellos ein Fortschritt und eine enorme Arbeitserleichterung. Was hat man sich nicht oft beim Lichten von Ankern abgemüht! Trotzdem will bei mir keine rechte Freude über diese Veränderung aufkommen.

Auf der Waal, einem Ausläufer des Rheins, gilt es tags darauf, das Deck zu schrubben. Wenigstens diese Arbeit treibt einem noch die Schweißperlen auf die Stirn. Sogar im Januar. Und wieder regnet es in Strömen. Nach kurzer Zeit sind meine Schuhe komplett durchnässt. Auch Jus Stiefel sind undicht. Wir lachen beide darüber. Denn: Geteiltes Leid ist halbes Leid. Vorher hat Ju mehrere Jahre auf Fischerbooten gearbeitet. Erst in Taiwan und später in Portugal. Hier sei es besser als auf den Fischerbooten. Als ich nachhake, grinst er und erklärt: „Many work, less sleep." Außerdem sei die Bezahlung schlechter. Ich bleibe nur vier Wochen an Bord, Ju ist für neun Monate unter Vertrag. Niemand weiß, wohin die Reise geht. Erst nachdem wir in Spijk die Rapssaat gelöscht haben, sickert das nächste Etappenziel durch: Duisburg. Ladung: Kruppstahl.

Ein Rendezvous mit König Alkohol

Ich bin schon einmal mit dem Containerschiff Excelsior in Neuss gewesen, aber damals nur für ein paar Stunden. Der niederländische Schüttgutfrachter El Teide, mit dem ich zurzeit unterwegs bin, liegt hingegen das ganze Wochenende in der Stadt am Niederrhein. Da in der Binnenschifffahrt sonntags die Arbeit an Deck ruht, sofern keine Schleusen zu durchfahren sind, möchte ich die Gelegenheit nutzen und ordentlich auf den Putz hauen. Es gehört nämlich schon etwas Glück dazu, an einem Samstagabend in einem Hafen zu liegen. Mein innerer Kompass führt mich zuverlässig in die Kneipe, in der der tschechische Steuermann des Excelsior und ich vor Jahr und Tag ein oder zwei Bier getrunken haben, bevor wir wieder an Bord mussten.

Es ist die Stadtschänke. Wie überall im Rheinland, bekommt man hier ein Bier nach dem anderen vor die Nase gestellt, solange man den Bierdeckel nicht aufs Glas legt, wenn man ausgetrunken hat. Die Klientel ist ganz nach meinem Geschmack. Manfred erzählt mir, dass sich 95 Prozent der Gäste kennen. Eine ältere Dame versichert, ich gehörte nun auch zur Familie, so wie Marina aus Ostberlin, die es vor dreißig Jahren nach Neuss verschlagen hat. Der Liebe wegen. Ein rüstiger Achtzigjähriger zählt auf, wo er als Offizier der Fallschirmjäger überall stationiert war. Als Maria, die Griechin hinterm Tresen, schon gegen 22 Uhr abkassieren möchte und sich die kleine Kneipe in Windeseile leert, ziehe ich mit zwei Gästen weiter in die nächsten vier Spelunken am Ort. Einer ist Bausparkassenberater, aber ansonsten ganz in Ordnung, der andere ist Jahrgang 61 und trägt Vokuhila. Das macht ihn mir auf Anhieb sympathisch.

Wie viele von den winzigen Altbier-Gläsern wir uns noch gemeinsam hinter die Binde kippen, weiß ich nicht. Ob ich ein Quartalssäufer bin, habe ich mich schon oft gefragt, aber es ist nicht der Alkohol, sondern die Institution Kneipe, die mich in unregelmäßigen Abständen anzieht. Kneipen bieten auch einem Weltenbummler das Gefühl, zuhause zu sein, sei es in Amsterdam, Dublin oder dem südafrikanischen Durban. Die Kneipe ist Heimat an jedem Ort. Jack London, der als Jugendlicher im Suff über die Reling seiner Schaluppe fiel und um ein Haar ertrunken wäre, beschreibt die Institution Kneipe in seiner Autobiografie *König Alkohol* treffend als Versammlungs- und Begegnungsstätte. Auf mehreren Seiten berichtet London von dem ersten Zusammentreffen mit einem berühmtberüchtigten Kapitän, dessen Spitzname „Alter Fuchs" ist. Jener „hatte die Meere auf Schiffen aller Nationen in den wilden Tagen der Vergangenheit befahren" und nur der Kneipe und dem Ritus des Trinkens sei es zu verdanken gewesen, dass er die Bekanntschaft des alten Seebären habe machen dürfen.

Zwar hat der Vokuhila-Mann nicht die Weltmeere befahren, sondern ich, aber er ist so alt wie meine Mutter und noch dazu ein wandelndes Lexikon. Die letzte Kneipe, die wir aufsuchen, bevor ich wieder Richtung El Teide schwanke, ist eine Kaschemme, von der ich nur hoffen kann, dass die Hipster sie nie finden werden. Der Wirt hat die Arme voller Knast-Tattoos, zwei alte Schnapsdrosseln und eine junge hocken neben uns am Tresen, außerdem ein Typ, der offenbar denselben Tätowierer hat wie der Kneipier. Auf mich haben Kneipen schon früh eine geradezu magische Anziehungskraft ausgeübt. Ich lernte dort mitunter auf Klausuren, schnappte auch das ein oder andere Wort von alten Trinkern auf und erweiterte so mein Allgemeinwissen. Ganz lebhaft kann ich mich etwa noch an eine Diskussion über die Thronfolge bei den Staufern erinnern, die ein kristallweizentrinkender Stammgast mit einem anderen Zecher im Pforzheimer Irish Pub führte. Die nonverbale Kommunikation der Gäste schaute ich mir als Jugendlicher ab und begann selbst, ausladend zu gestikulieren, wenn ich andern einer Geschichte erzählte. Der Hang zur Kneipe lag nicht in der Familie. Ein einziges Mal tauchte mein Vater plötzlich mitten in der Nacht im Olas Vegas auf, hockte sich zu mir an die Bar und bestellte ein kleines Pils. Er wollte einmal selbst sehen, was seinen sechzehnjährigen Sohn an diesen Trinkhallen derart faszinierte. Wenige Monate später zog ich erst in eine WG und anschließend in eine winzige Wohnung, die mir ein Wirt für 150 Euro im Monat überließ. Natürlich hatte ich bei diesem Wirt auch einen Deckel.

Die Toten von Dison

„Come si dice in italiano?", fragt Carmen und zeigt dabei auf ein künstliches Feuer, das hinter uns raucht und knistert. Ich trinke einen Schluck Rotwein und stelle das Glas anschließend auf den kleinen runden Tisch zurück, wobei ich mich weit über den Rand des Whirlpools lehnen muss, in dem wir beide sitzen. Nach dieser kurzen Pause, die so künstlich ist wie das Feuer, antworte ich: „Fuoco." „Und der bestimmte Artikel?", fragt sie. „Il fuoco." „Okay, eins zu null." Das soll ein Spiel werden und wer zuerst zehn Punkte hat, steigt als Sieger aus der Wanne.

Ich habe Carmen nur einmal zuvor getroffen. In einem Irish Pub in der bulgarischen Hauptstadt Sofia. Damals habe ich in Rumänien gelebt und sie in Italien. Mittlerweile sind wir zufällig fast Nachbarn geworden. Sie als Wahlbelgierin und ich als Wahlholländer. Deshalb haben wir beschlossen, einen Kurztrip in die Ardennen zu unternehmen. Und als hätten wir geahnt, dass uns das Wetter einen Strich durch die Rechnung machen würde, haben wir eine Suite mit Jacuzzi gebucht. Tatsächlich bleiben die Skipisten trotz Schnee geschlossen. Als ich auf ein Kissen zeige und frage, wie man das Ding auf Deutsch nennt, sagt sie, es sei etwas mit „K". Nach einigem Hin und Her stammelt sie: „Küssen?" „Fast", sage ich und bitte sie, auf meine Seite des Whirlpools zu kommen, ich müsse ihr etwas demonstrieren. Ich zeige ihr also, worin der Unterschied zwischen dem Substantiv „Kissen" und dem von ihr geäußerten Verb besteht. Natürlich kommen wir nicht bis zur zehnten Frage.

Obwohl alles so läuft, wie ich es mir vorher ausgedacht habe, verschafft mir diese Sache keine tiefergehende Befriedigung. Plötzlich habe ich den Song „Satisfaction" der Rolling Stones im Kopf. Und meine Exfreundin. Man kann den Verlust einer Italienerin eben nicht einfach mit einer anderen Italienerin aufwiegen, wie man eine durchgebrannte Glühbirne mit einer neuen ersetzt. Am Rande sei erwähnt, dass die besagte Exfreundin kurz darauf zu mir zurückkommen wird, nur um mich ein halbes Jahr später wieder zu verlassen, nachdem ich ihr eröffne, ich wolle für eine Zeitlang in den Krieg ziehen.

Am nächsten Tag besuchen wir Malmedy und Lüttich. Malmedy und dessen Umgebung waren im Zweiten Weltkrieg Schauplatz zweier Kriegsverbrechen. Nachdem die Stadt im Herbst 1944 zunächst von den Amerikanern erobert, im Zuge der Ardennenoffensive Mitte Dezember von deutschen Truppen überrannt und schließlich erneut von US-Truppen eingenommen worden war, bombardierten amerikanische Flugzeuge Malmedy an den Weihnachtstagen dreimal versehentlich. Dabei wurden beinahe die Hälfte der Gebäude zerstört und 230 Zivilisten getötet, außerdem eine größere Anzahl GIs. Das zweite Kriegsverbrechen spielte sich kurz nach Rückeroberung der Stadt durch deutsche Truppen in der vier Kilometer südöstlich von Malmedy gelegenen Ortschaft Baugnez ab. Am 17. Dezember 1944 kam es dort zu einer Massenerschießung zuvor gefangengenommener US-Soldaten durch Angehörige der Waffen-SS.

Auf dem Rückweg nach Brüssel kommen wir an der Ortschaft Dison vorbei. Sie liegt etwa dreißig Kilometer von Aachen entfernt an der A 27. Weil wir beide von der weithin sichtbaren Kirche fasziniert sind, beschließen wir, bei der nächsten Möglichkeit umzukehren und in Dison einen Zwischenstopp einzulegen. Der winzige Ortskern im Tal ist rasch besichtigt, deshalb zieht es uns auf den auf einer Anhöhe über dem Städtchen gelegenen Friedhof. Was sofort ins Auge sticht: die Omnipräsenz deutscher Nachnamen. Gefühlt ist auf jeder zweiten oder dritten Grabplatte einer eingemeißelt. Da steht beispielsweise das riesige Grabmal der Familie Deheselle-Schmitz. Oder dasjenige der Familie Bodson-Kohl. Und ein 1918 geborener Henri Beckers hat die sieben Jahre jüngere Hélène Rouvroye geheiratet. Neben dem Bild des jungen Herrn Beckers in Uniform die belgische Trikolore. Außerdem ist eine Bronzeplatte auf dem Grab angebracht, die den Verstorbenen als Veteranen ausweist. „Un combattant de la Grande Guerre 1940–1945. Passant!…Souviens-toi", ist darauf zu lesen, also „Passant, erinnere dich" oder „denk daran". Eine solche Bronzeplatte findet sich auf allen Gräbern, in denen Kriegsteilnehmer bestattet sind, während für die Gefallenen ein eigener Bereich auf dem Friedhof eingerichtet ist, über dem die belgische Fahne weht.

Was mögen die deutschstämmigen Ostbelgier sich gedacht haben, als sie gegen die Wehrmacht kämpfen mussten? Da die Region bei Kriegsbeginn genau zwei Jahrzehnte lang belgisch gewesen war, wird die Konfrontation für manch eine Familie eine ähnliche Tragödie bedeutet haben wie der russisch-ukrainische Krieg für diejenigen Ostukrainer mit gemischten Loyalitäten.

Endlich Tellerwäscher!

Ich habe es geschafft. Ein Kindheitstraum ist in Erfüllung gegangen. Endlich bin ich Tellerwäscher! Und da kann es ja dann zur ersten Million nicht mehr weit sein. Aber Spaß beiseite: Als ich die ersten Teller mit der Handbrause vorspüle und den ersten festgetrockneten Käse von den Tabletts kratze, denke ich: „Warum möchte man was anderes sein als Tellerwäscher?" Im Leben würde ich nicht mit dem Chef de Cuisine tauschen wollen. Auch nicht mit dem Sous Chef oder einem der anderen Köche und Küchenhilfen, die zig Rezepte im Kopf haben müssen. Erst recht nicht mit den Kellnern und den anderen Angehörigen der sogenannten schwarzen Brigade, die immer ein Lächeln für die Gäste parat haben müssen. Meine Visage interessiert hingegen niemanden. Ich kann nach Lust und Laune Grimassen schneiden – die ganze Nacht. Und, vielleicht am allerwichtigsten, ich habe meine Gedanken für mich und tausche nur meine reine Muskelkraft gegen den niederländischen Mindestlohn, denn meine Aufgabe ist einfach: Was das Wasser nicht schafft, schafft der Schwamm, was der Schwamm nicht schafft, schafft die Stahlwolle. Und was die Stahlwolle nicht schafft, das packt die Drahtbürste. Aber ich muss den Arsch wackeln lassen.

Wenn ich zwischen fünf und sechs Uhr abends meinen Dienst antrete, sieht es in der Spülküche aus, als hätte eine Bombe eingeschlagen. Töpfe, Schneebesen und Schöpfkellen aller Größen, Pfannen, Teller und Schüsseln jedweden Durchmessers und Soßenbehälter aller Kaliber stapeln sich auf den Regalen und bedecken zu einem großen Teil den Boden meiner Arbeitsstätte. Bin ich dann gegen neun Uhr einigermaßen mit diesen Hinterlassenschaften des Frühstücks und Mittagessens durch, treffen auf einen Schlag die Myriaden Teller, Brotkörbe und Fressnäpfe des Abendessens in der Spülküche ein. Und zwischendurch erklingen zuweilen Rufe nach poliertem Silberbesteck. „Poliert eure Messer selbst, ihr Sklaventreiber!", denke ich dann – und antworte knapp: „Ja, kommt sofort!" Machen, nicht motzen. Das habe ich nicht erst bei der Armee gelernt, sondern schon als „Stift" in meiner Ausbildung zum Landschaftsgärtner. Ich weiß, dass ich jederzeit gehen kann. Ich habe auch keine Angst davor, auf der Straße zu landen. Immerhin kann ich ein bisschen Mundharmonika spielen und am Mittelmeer ist es schon warm. Aber ich *will* noch nicht gehen. Ich bleibe mindestens zwei oder drei Monate. Dann habe ich so viel Knete beisammen, dass ich mich wieder einen Monat lang ganz meinem Hobby widmen kann: dem Kriegs- und Krisenjournalismus.

Zusammen mit dem Geschirr des Abendessens treffen auch peu à peu die ersten Küchenutensilien ein: Töpfe, Gemüsehäcksler und schließlich Frittier-Pfannen. Das heißt, man macht dort langsam Feierabend. Licht am Ende des Tunnels, aber der Vorrat an schmutzigem Küchengerät scheint schier unerschöpflich. Wieder türmt sich das dreckige Zeug neben und hinter mir zu Bergen auf. Umzingelt von Blech und Porzellan, lasse ich weiter den Arsch wackeln, bis mir das Wasser in der Ritze kocht. Ab und zu vielleicht im Vorbeigehen ein Schluck

Leitungswasser aus einem Messbecher, aber pausieren gibts nicht. Die Schichten dauern offiziell bis Mitternacht. Vor halb eins ist aber noch niemand aus der Spülküche gewackelt, habe ich mir sagen lassen. Und meistens dauert es bis zwei, manchmal sogar bis drei Uhr morgens, bis alle Gegenstände ordnungsgemäß in der Küche verstaut sind und die Arbeitsstätte wieder glänzt – vom Rinnstein bis zur Spülmaschine selbst. Wer ganz schlau ist, könnte zwar nach sechs Stunden eine kleine Pause einlegen, aber damit würde es sich die betreffende Person unweigerlich mit derjenigen Bedienung verscherzen, die den Laden abschließen muss. Und das ist jeden Tag eine andere. Möchte man also nicht mit der ganzen schwarzen Brigade auf Kriegsfuß stehen, spart man sich seine Pausen als Tellerwäscher lieber für den Feierabend auf.

Eine Schwarzafrikanerin namens Gabi hat mich eingelernt. Sie ist 32, aber sonst handelt es sich beim Personal – vom Chef de Cuisine abgesehen – durchweg um junge Leute zwischen siebzehn und Anfang zwanzig. Meiner Freundin gegenüber, die mich mit meinem neuen Job aufzieht, äußere ich nur halb im Scherz die Vermutung, die meisten Angestellten in der Gastronomie stürben vor ihrem fünfundzwanzigsten Lebensjahr an einem Herzinfarkt. Oder verbrühen sie sich vielleicht die Hände? Gabi kennt bei der Wassertemperatur jedenfalls keine Kompromisse. Bei ihr gibt es nur ganz heiß. Ich versuche hingegen zwischen dem Sauberkeitsgrad der Bleche und dem Verbrennungsgrad der Hände abzuwägen. Immerhin wandert der Kram ja noch durch die Maschine. Joel Houghton und Josephine Cochrane, den Erfindern der Geschirrspülmaschine sei Dank! Zwar wollte ich schon immer mal Tellerwäscher sein, jedenfalls seit der Lektüre von George Orwells autobiografischen Schilderungen *Down and Out in Paris and London,* aber ich freue mich auch darauf, es bald gewesen zu sein.

Die Londoner Stadtmusikanten

Die niederländische Gendarmerie musste bei meiner Ausreise ins Vereinigte Königreich Berlin verständigen. Ich bin also nicht weiter überrascht, als ich beim Verlassen des Fliegers in London ein Begrüßungskomitee von vier Anzugsträgern erblicke. Eine hagere Brünette fragt nach ein paar Belanglosigkeiten, dann zückt ein untersetzter Mann um die fünfzig mit einer Zahnlücke zwischen den oberen Schneidezähnen einen Ausweis, räuspert sich und sagt beinahe feierlich: „We're police, sir. Counter-Terrorism." Eine Anti-Terroreinheit also! Ich hatte zwar nicht mit Versicherungsvertretern gerechnet, aber dass die Briten mir eine Anti-Terroreinheit auf den Hals hetzen, kommt doch etwas unerwartet. Spätestens jetzt ist mir klar, was mir schon bei der Ausreise dämmerte: Meinen ursprünglichen Plan, mich als britischer Staatsbürger bei der Royal Navy zu bewerben, kann ich getrost ad acta legen. Jede Seite meines Schifferdienstbuches wird abfotografiert.

Unter Schedule 7 der illiberalen Anti-Terrorgesetzgebung nach dem 11. September dürfen mich die Gangster bis zu sechs Stunden lang ohne Begründung festhalten, mein Gepäck durchwühlen, DNA-Proben und Fingerabdrücke nehmen, mich von allen Seiten abfotografieren, in meinem Handy und meinem Notizbuch herumschnüffeln und nach den Namen und Geburtstagen all meiner Verwandten fragen. Ein Recht zu schweigen gibt es nicht. Und wer nicht kooperiert, der begeht – man wagt es kaum auszusprechen – eine Straftat! Wo habe ich doch erst kürzlich sinngemäß gelesen, die Anti-Terrorgesetzgebung nach 9/11 im Vereinigten Königreich konterkariere alle Grundsätze von Rechtsstaatlichkeit? Richtig: in Tom Binghams Bestseller *The Rule of Law*. Gebetsmühlenartig wiederholen die Kommissare ihre Behauptung, sie unterstellten mir nicht, ein Terrorist zu sein, aber es sei ihre Aufgabe herauszufinden, ob ich in der Vergangenheit an Terroranschlägen beteiligt gewesen sei oder künftig solche zu verüben gedächte. Was ist bloß aus den Engländern geworden, über die der Spanier José Ortega y Gasset 1930 schrieb: „Als um 1800 die neue Industrie einen Menschentypus schuf, den Industriearbeiter, der gemeingefährlicher war als die bisher bekannten, beeilte sich Frankreich, eine starke Polizei aufzustellen. Um 1810 steigt in England die Kriminalität aus denselben Gründen, und bei dieser Gelegenheit machen die Engländer die Entdeckung, dass sie keine Polizei haben. Die Konservativen sitzen in der Regierung. Was tun sie? Schaffen sie eine Polizei? Nichts dergleichen. In England zieht man es vor, das Verbrechen, solange man irgend kann, zu dulden. [...] Der Engländer setzt dem Staat Grenzen."

Wohl weil ich in grauer Vorzeit mal der „Anführer" einer Gruppe jugendlicher Rabauken mit brauner Gesinnung war, fragt mich die hagere Brünette, ob ich auch jüdische Freunde habe. Wie gut ich mit ihnen befreundet sei, möchte sie als Nächstes wissen. Dann kommen die Schwulen und Schwarzen an die Reihe. Als ich ebenfalls bejahe, hakt sie nach:

„Würden Sie auch mit einer Schwarzen gehen?"
„Schwarze Mädels sind nicht mein Typ."

„Warum sind sie nicht Ihr Typ? Was ist denn Ihr Typ?"
„Sie sind einfach nicht mein Typ. Ich stehe eher auf Italienerinnen. Deshalb bin ich auch mit einer zusammen."
Die Beamtin sieht konsterniert zu Boden und lässt es endlich gut sein.

Nach fünf Stunden bekomme ich wieder mein Schifferdienstbuch, meinen Presseausweis und meine Reisepässe ausgehändigt. Ich darf gehen, aber ohne mein Mobiltelefon. Das bekäme ich in sieben Tagen an meine Adresse in den Niederlanden geschickt. So lange dürften sie es unter Schedule 7 einbehalten, um die Untersuchung abzuschließen. „Ich frage Sie nicht nach Ihrem Einverständnis", grunzt der dickliche Mann mit der Zahnlücke, als er mir ein händisch ausgefülltes Formular vorlegt, auf dem mein Mobiltelefon als beschlagnahmter Gegenstand aufgeführt ist. „Sauklaue!", hätten meine Grundschullehrer gepoltert. Er fordert mich zum Unterschreiben auf, behalten würden sie es aber auch ohne Unterschrift, nur dass ich mich dann zusätzlich noch strafbar machen würde, weil ich unter Schedule 7 zur Kooperation verpflichtet sei und der Aufforderung eines Beamten jederzeit Folge leisten müsse.

Das ist sooo 1984, denke ich, unterschreibe, packe meine sieben Sachen und mache mich vom Acker. Mein Rückflug ist erst fünf Tage später. Was mit der ganzen Zeit anfangen? Ich habe ein Buch von Jack Kerouac dabei, aber seine spontane Prosa ist nicht mein Fall. Irgendwie muss ich mir die Zeit vertreiben, wo es jetzt mit der Royal Navy nichts wird, also beschließe ich, ein soziales Experiment durchzuführen: Wie reagieren die Menschen in London auf Straßenmusik?

Zum Glück habe ich zufällig meine Mundharmonika im Rucksack. Da ich erst wenige Tage zuvor einer Flötenspielerin in meiner niederländischen Wahlheimat zwei Euro in den Becher gelegt habe, bin ich guter Dinge. Am nächsten Morgen soll es losgehen. Gegen halb eins werde ich wach, weil neben mir ein Wortgefecht im Gange ist. Eigentlich eher ein Monolog. Im Stockbett gegenüber hat es sich eine schwarze Frau um die vierzig bequem gemacht. Das Problem? Es ist nicht ihr Bett. Der ebenfalls schwarze Hostelangestellte fordert die Frau auf, ihren Namen zu nennen, damit er dem Mittdreißiger aus dem Nahen Osten, der nun ohne Schlafstatt dasteht, ihr Bett geben könne. Bald kommt allerdings der Verdacht auf, dass sie gar kein Bett bezahlt habe, weil sie immer nur antwortet, es gebe keinen Grund, laut zu werden, es sei schließlich mitten in der Nacht. Die Männer geben es schließlich auf und ziehen sich zurück. So kehrt wieder Ruhe in dem Schlafsaal ein, bis sich morgens im Minutentakt ein Handy nach dem anderen bemerkbar macht, um seinem Besitzer anzuzeigen, dass es Zeit zum Aufstehen sei. Ich muss innerlich grinsen und weiß gewiss: Meins ist es nicht!

Nachdem ich eine Weile erfolglos vor der Metropolitan Railway Station geträllert habe, setze ich mich vor eine anglikanische Kirche, in der gerade die Sonntagsmesse gelesen wird. Dieses Experiment ist auch aus religionswissenschaftlicher Perspektive interessant. Als der Gottesdienst aus ist und die Gläubigen einer nach dem anderen vor die Tür treten und sich bekreuzigen, fange ich an zu spielen. Alle gehen an mir vorbei, ohne mich eines Blickes zu würdigen. Auch der Priester im weißen Gewand. Ich hebe meine Mütze vom Kirchhof auf und pilgere weiter.

Im Hyde Park ist großer Zapfenstreich. Vor dem Ehrenmal für die Kavallerie des Empire stehen Offiziere aus Australien, Indien und anderen Commonwealth-Nationen Spalier. Die Sonne lacht und es herrschen für englische Verhältnisse geradezu hochsommerliche Temperaturen. Ein Fahnenträger mit Beerenfellmütze bricht zusammen und wird kurzerhand ersetzt. Dann ziehen, geordnet nach Regimentern, Veteranen im schwarzen oder dunkelblauen Sonntagsanzug am Ehrenmal vorbei, während der Musikzug den Radetzky- und andere Märsche spielt. Neben der großen Ordensspange tragen alle Veteranen Schirm und Melone. Letztere nehmen sie zum Zeichen der Ehrerbietung vom Kopf, während sie, die Augen rechts, am Reiterstandbild des Drachentöters St. Georg vorbeimarschieren. Auf die Veteranen folgt eine Abteilung der aktiven Armee im Tarnanzug. Während ich unter den Aberhunderten von Anzugsträgern nur drei Frauen gezählt habe, herrscht bei der Abordnung 2023 Parität. Meine Neugier ist befriedigt, also setze ich meine Wanderung fort, immer noch auf der Suche nach einem geeigneten Plätzchen zum Musizieren.

Vor dem Denkmal des Dichters Lord Byron füttert eine steinalte Frau in abgetragener Kleidung die Tauben. Sonst befindet sich niemand auf der Straßeninsel, auf der das Monument steht. Eine Szene wie direkt aus *Mary Poppins*. Auf der gegenüberliegenden Straßenseite: ein Nobelhotel mit teils vergoldeter Fassade. Auf dem dazugehörigen Parkplatz schneidet eine Hotelbedienstete mit einer handelsüblichen Papierschere Blumenblätter. Augenzwinkernd frage ich, ob es in der Küche an Gemüse fehle. So kommen wir ins Gespräch. Wo man in London

Obdachlose antreffen könne, möchte ich von ihr wissen. Sie sei neu in der Stadt, aber an einer nahgelegenen Tankstelle habe sie schon häufiger welche gesehen. Tatsächlich werde ich dort fündig. Leider schläft der Mann noch, obwohl die Sonne schon hoch am Himmel steht. Ich biege um die Ecke und treffe auf John aus Liverpool, der gerade seinen Schlafsack zusammengerollt hat. Als Bett haben ihm die Stufen einer Kirche gedient. Ich frage ihn, welche Stelle er mir zum Trällern empfehlen würde. Er rät mir, es im Green Park zu versuchen. Wir verabschieden uns herzlich.

Obwohl es im Green Park von Menschen nur so wimmelt, ist mir auch dort mit meiner Mundharmonika kein Glück beschieden, also löse ich ein Ticket und fahre mit der U-Bahn nach Whitechapel am anderen Ende der Stadt. Immerhin hat der rasende Reporter Egon Erwin Kisch dort mal eine Nacht in einer Obdachlosenunterkunft verbracht. „Unter den Obdachlosen von Whitechapel" ist mit Abstand meine Lieblingsreportage von Kisch, weshalb ich dieses Whitechapel einmal sehen möchte. Als ich bei der Station Oxford Circus umsteige, treffe ich meine erste Londoner Straßenmusikantin. Ihr Gitarrenspiel ist großartig. Trotzdem kommt sie mir stark unterernährt vor. Ihre Beine sind so dünn, dass ich mich frage, wie sie die Sängerin samt der Gitarre tragen können. An der nächsten Abzweigung: ein Zigeuner mit einem Pappschild, auf dem steht: „Hungry & homeless". Ich starte also auch hier einen Versuch und setze mich an eine Zweigstelle im Tunnelsystem. Allerdings haben die Leute hier unten nicht einmal die Zeit wegzuschauen. Im Vorbeistürzen glotzen sie einen ungeniert an, so eilig haben sie es. Zwar kann es mir grundsätzlich ganz recht sein, wenn niemand zu lange zuhört, weil ich nur eine Handvoll Lieder im Repertoire habe und eines davon noch dazu ein Weihnachtslied ist. Aber ich habe es nach kurzer Zeit satt und mache, dass ich nach Whitechapel komme.

Da ich in Whitechapel keine Engländer antreffe und auch nicht im Internet recherchieren kann, laufe ich nur ein bisschen ziellos durch die Gegend, esse in einem orientalischen Imbiss und nehme dann den Bus zur Kathedrale St. Paul. Vielleicht aus Nostalgie. Als 16-Jähriger habe ich nämlich mal auf einer Bank vor dieser Kirche übernachtet, weil alle Hostels ausgebucht waren. Zwar kann ich die Bank nicht mehr finden, aber ich sehe dafür einen Mann, der gerade dabei ist, sein Piano aufzubauen. Mack hat in Groningen Politikwissenschaft studiert und ist mittlerweile schon vier Jahre als Straßenmusiker unterwegs. Was man so im Schnitt in einer Stunde verdiene, möchte ich von ihm wissen. „Forty, fifty quid", sagt er, schiebt aber noch hinterher, es sei oft erheblich weniger. „Vielleicht bekommt man mehr, wenn man dazu singt, aber ich mache das nicht." Ich muss sofort an das Handwerk der Krächzer denken, von denen der walisische Dichter William Henry Davies in seiner Autobiografie *Supertramp* berichtet. Sie zogen durch Wohnviertel, stellten sich vor Häuser und sangen absichtlich so schief, dass ihnen die Leute gern Geld gaben, um sie loszuwerden. Ich frage Mack, ob man eine Lizenz benötige. Er zuckt mit den Achseln: Man brauche wohl eine, aber er sei noch nie kontrolliert worden.

Der Durchschnittsverdienst, den der Pianist mir genannt hat, lässt mich wieder neuen Mut schöpfen. Vor der Millennium Bridge sitzt ein alter Mann und spielt virtuos auf seiner Ziehharmonika. Es ist eine volkstümliche Melodie aus Europas wildem Osten. Da sich vom südlichen Themse-Ufer her schon die Bassstimme des nächsten Stadtmusikanten vernehmen lässt, setze ich mich mitten auf den Steg, fixiere mit den Augen die Tower Bridge und gebe stoisch in Dauerschleife meine fünf Lieder zum Besten. Aber auch hier landet nicht ein Penny in meiner Mütze. Ich weiß durchaus, dass ich kein Jimi Hendrix bin. Trotzdem möchte ich empirisch erforschen, ob nur ich das Problem bin.

Am südlichen Themse-Ufer komme ich an zig Straßenmusikern vorbei, namentlich an Akkordeonspielern und Gitarristen. Bei einem Gitarrero, der neben der Waterloo Bridge vorm Nationaltheater steht, verweile ich genau eine Stunde lang. Er hat einen riesigen Notenschlüssel auf dem Unterarm tätowiert und singt zu seinen Klassikern à la „Hotel California", „Losing my Religion" oder „House of the Rising Sun". Ich registriere so unauffällig wie möglich jede Gratifikation. Nach etwa einer viertel Stunde wirft ein kleines Mädchen zwei unterschiedlich große Münzen in die Gitarrenhülle und läuft danach strahlend zu ihrer Mutter zurück, von der sie das Klimpergeld erhalten hat. Sagen wir, die kleine Münze war ein Pfund. Als Nächstes wirft ein Mann um die fünfzig eine große silberne Münze hinein. Mit Sicherheit ein Fifty-Pence-Stück. Ein wenig später legt eine etwa gleichaltrige Frau eine Münze in die Gitarrenhülle. Vielleicht ein Pfund. Zuletzt wirft ein kleiner Bub zwei Münzen unterschiedlicher Größe hinein, die ihm sein Vater zugesteckt hat, nachdem der Musiker sich mit „Johnny Be Good" mächtig für den kleinen Jungen ins Zeug gelegt hat. Wenn das im besten Fall anderthalb Pfund waren, hat der Vollblutmusiker in einer geschlagenen Stunde also maximal vier Pfund und fünfzig Pence verdient.

Ich ziehe Bilanz. Weder die Londoner noch die Touristen sind besonders freigebig. Meine Conclusio: Der Sozialstaat hat den Charakter der Menschen verdorben. Wenn der Staat sich um alles und jeden kümmert, dann muss keiner auf der Straße leben, so die Logik. Ich für meinen Teil spare lieber Steuern und werfe weiterhin jedem Straßenmusikanten ein paar Münzen in den Becher. Der Gitarrist vor dem Nationaltheater erzählt mir, die Polizei sei nördlich der Themse strikter, besonders in Westminster. Ihn hätten sie aber auch schon auf der Südseite zweimal zur Kasse gebeten, weil er keine Lizenz vorweisen konnte. Allerdings habe er beide Male erfolgreich den Kopf aus der Schlinge ziehen können und habe auch nicht vor, eine Lizenz zu erwerben. Mit Corona sei alles schlechter geworden. Seither dürfe man in Westminster fast nirgends mehr mit Verstärker spielen. Wir wünschen uns gegenseitig Glück, aber ich werde meine Mundharmonika nicht mehr aus der Tasche ziehen. Mein soziales Experiment ist beendet und die Londoner sind durchgefallen.

Zurück zum Holland Park, in dem sich mein Hostel befindet. Auf einer der beiden Golden Jubilee Bridges hat ein bärtiger alter Mann mit seinem Schlagzeug Stellung bezogen. Neben dem Schlagzeug, das aus zwei Trommeln und einigen Becken besteht, liegen seine Krücken. Der Rest seiner Habseligkeiten befindet sich in einem ledernen Koffer und einer Tragetasche. Ich muss an Ralph McTells Lied „Streets of London" denken, in dem es über eine alte Frau heißt, sie trage ihre Wohnung in zwei Tragetaschen mit sich herum. McTell trampte selbst als Straßenmusiker durch Europa. Hätte ich einen Fotoapparat oder wenigstens ein Handy zur Hand gehabt, hätte ich eine Reportage über Londoner Straßenmusikanten schreiben und vielleicht den Egon-Erwin-Kisch-Preis gewinnen können. Aber eine Reportage ohne Bilder? Jetzt bin ich wirklich stinksauer auf die britischen Kommissare, die mein Mobiltelefon beschlagnahmt haben und ich beschließe, die Insel schon am Folgetag wieder zu verlassen. Selbst auf die Gefahr hin, den Parthenon-Fries, den ich als Heidelberger Student nur in Gips bewundern konnte, niemals an seinem traditionellen Ausstellungsort, dem Britischen Museum, goutieren zu können, falls sich Griechenland beim Streit um die Marmorfiguren durchsetzt. Ich habe die Schnauze voll von dieser Stadt und ihren Menschen, ausgenommen natürlich die Obdachlosen und Straßenmusikanten.

Der lange Weg nach Osten

Die Vibrationen des polnischen Schnellzugs sind fast so einlullend wie das Stampfen von Schiffsdieseln. Und immer wieder ertönt von der Lokomotive der schrille Signalton, der einen Bahnübergang anzeigt. Es geht gen Osten.

Es ist manchmal erstaunlich, wie viel Russisch man versteht, obwohl man es nicht spricht. Das liegt an den zahlreichen Lehnwörtern aus romanischen Sprachen und in meinem Fall auch an der eingehenden Lektüre von Anthony Burgess' *A Clockwork Orange*. Die darin vom Autor verwendete Kunstsprache besteht hauptsächlich aus der Verballhornung russischer Begriffe. Immer wieder gelingt es mir, der Unterhaltung meiner ukrainischen Mitreisenden für kürzere Zeit zu folgen. Mit mir im Abteil sitzen zwei junge Frauen, ein kleiner blonder Junge und ein Rentnerehepaar. Die blutjunge Mutter neben mir und ihr Sohn kommen aus Dnipro, die anderen drei Passagiere sind aus Kiew und Umgebung. Sie sind in Lublin zugestiegen. Stundenlang schimpfen sie in der Sprache der Invasoren über den russischen Angriffskrieg. Ganz bewusst wechseln sie manchmal ins Ukrainische, aber sie sprechen nicht den als Surschyk bekannten Mischmasch aus beiden Sprachen.

Anhand von Orts- und Personennamen ist es immer wieder möglich, den jeweiligen Kontext herauszubekommen und die Bedeutung des Gesagten wenigstens teilweise zu erfassen. Ein Beispiel: Der Mittsiebziger schräg gegenüber zählt ein paar Namen auf, darunter diejenigen Osama bin Ladens und Gaddafis. Nach einer rhetorischen Pause, die er benutzt, um seine Gesprächspartner zu mustern, stellt er empört eine Frage, in der der Name des russischen Präsidenten vorkommt. Die Sache ist klar, aber ich erkundige mich sicherheitshalber bei meiner Nebensitzerin, die schon ein bisschen Deutsch spricht, ob ich ihn richtig verstanden habe. Und in der Tat: Bin Laden und Gaddafi habe der Westen beseitigt. Worauf warte man im Falle Putins? Der Mann hat als Lastwagenfahrer und Geschichtslehrer gearbeitet. Offenbar überzeugt davon, dass ich fast jedes Wort verstehe, hält er mir einen Vortrag über die Geschichte seines Landes. Für die eigenwillige Geschichtsauffassung des Kreml-Chefs, der der Ukraine das Existenzrecht abspricht, hat er Nichts übrig. Mehrmals bezeichnet er Putin verärgert als einen „Täuscher".

Als Anastasia erfährt, dass ich als Journalist in die Ukraine reise, sagt sie: „Das bedeutet mir und meinem Land sehr viel." Deutschland sei weit weg und ich nicht verpflichtet, so ein Risiko einzugehen. Derartige Situationen sind mir immer unangenehm, denn ich weiß in der Regel nicht: Was antworten? Ich mache das ja in erster Linie, um meine Abenteuerlust zu befriedigen, nicht aus reiner Herzensgüte. Ich schaue aus dem Fenster. Gerade ertönt wieder das schrille Pfeifen der Lokomotive.

Es ist noch gar nicht sicher, ob ich dieses Mal überhaupt bis zur Front durchkomme. Offenbar hat die ukrainische Führung im Zusammenhang mit der in vollem Gange befindlichen Gegenoffensive ein Verbot verhängt, das es Journalisten untersagt, von der Hauptkampflinie zu berichten. Akkreditierung als Kriegsberichterstatter hin oder her. Es ist jetzt schon mehr als ein Jahr vergangen, seit ich zuletzt in die Ukraine gereist bin. Seither hat es neben dem Kommandeur des 49. Infanteriebataillons auch den Australier Trevor Kjeldal, genannt „Ninja", erwischt. Mörserfeuer. Der Argentinier „Messi" hat ein Bein verloren und der junge Amerikaner „Denver" wurde schwer am Rücken verwundet. „Conor" wurde als Hochstapler enttarnt und hat sich mit einem geklauten Sturmgewehr und etwas Kohle von der Truppe abgesetzt. Offenbar hatte er im zivilen Leben gar nicht als Notfallsanitäter gearbeitet. Der britische Sanitäter „Moth" und die Amerikanerin Ava haben mittlerweile geheiratet und leben zusammen in England. Wie es dazu kam, schrieb mir „Moth" über Signal: „Das Bataillon hatte sich vergrößert. Wir hatten zwei *squads* mit westlichen Kämpfern und eine mit hispanischen. Ich habe mich einer der westlichen Gruppen angeschlossen. Ursprünglich als Sanitäter. […] Wir sind in Charkiw in die Offensive gegangen und ich hatte plötzlich die Befehlsgewalt. Wir haben sehr viel Boden gutgemacht. […] Während Ava einen Verwundeten bergen wollte, wurde sie selbst verwundet. Ein anderer Kerl wurde durch eine Panzergranate getötet. Ich bin dann nach vorne gegangen und habe sie dort rausgeholt und jetzt sind wir verheiratet, haha. Witzig, wie es manchmal im Leben kommt." Leider ist der Kontakt zu Moth, der sich jetzt wieder Timothy nennt, abgerissen, weil mir mein Handy in ein Duisburger Hafenbecken gefallen ist.

Als sich der ukrainische Zug von der polnischen Grenzstadt Przemysl im Karpatenvorland in Bewegung setzt, macht es im Abstand weniger Sekunden „Badumm, badamm, badamm". Irgendwann hört das Klackern dann wieder auf. Neben mir sitzt ein 37-jähriger Panzerkommandant, der in Deutschland an Leopard-Panzern ausgebildet wurde. Als ich dem Feldwebel viel Glück wünsche, macht er mit der rechten Hand eine Geste, die Unsicherheit ausdrücken soll: „I have Leopard 1 A5." Der sei zwar recht schnell, habe aber eine dünne Panzerung. Er und seine Kameraden pflegten zu scherzen, es handele sich um einen BMW. „Der 2 A6 wäre besser", pflichte ich ihm bei. Jetzt lacht der Ukrainer und sagt: „Yes, 2 A6 is very good tank." Fünf Uhr morgens: Der Zug hält in einer Kleinstadt zwischen Lemberg und Kiew. Sirenen heulen auf. Der Feldwebel und ich sehen aus dem Fenster, aber es ist nur der nächtliche Luftalarm, der im ganzen Land längst zur Routine geworden ist. Meine Destination heißt dieses Mal Kramatorsk.

So riecht der Krieg

Prigoschin putscht. Diese Nachricht verbreitet sich unter den ausländischen Freiwilligen der Internationalen Legion des Militärgeheimdienstes wie ein Lauffeuer. Fieberhaft verfolgen „Austria", „Niente" und ich, auf unseren Feldbetten liegend, die neuesten Entwicklungen am Smartphone. Niente, den Spitznamen habe ich ihm verpasst, weil er gerne „Nichts" heißen wollte, ist erst zwei Tage zuvor zur Gruppe gestoßen. Er ist nicht Italiener, sondern Grieche, aber sein Zwillingsbruder hört bereits auf den Namen „Greek". Beide sind Ex-Fremdenlegionäre. Auch Austria ist nicht ohne militärische Vorerfahrung. Er hat volles braunes Haar und einen gepflegten Schnauzbart. Zur Gruppe gehören außerdem ein dunkelblonder Schwede, ebenfalls mit Schnurrbart, ein Tscheche, dessen „Callsign" selbstverständlich „Czech" lautet, ein Amerikaner und ein ehemaliger britischer Offizier.

Ausländer dürfen in den ukrainischen Streitkräften keinen Offiziersrang bekleiden. Ausländische Freiwillige, die aufgrund ihrer langjährigen Erfahrung und Kompetenz Aufgaben übernehmen, die in der Regel Offizieren ausgeübt werden, erhalten den gleichen Sold wie einfache ukrainische Soldaten. Dieser Sold beträgt in Frontnähe ungefähr 1600 Euro. Für Kampfeinsätze und Tätigkeiten im vordersten Graben kommen pro Tag etwa fünfundfünfzig Euro hinzu. Der durchschnittliche Verdienst eines Legionärs beläuft sich somit auf um die 2000 Euro pro Monat. Wegen des Geldes macht das niemand. Es ist zumeist eine Gemengelage aus Sinnsuche, Abenteuerlust und Idealismus, die der ukrainischen Armee einen stetigen Zulauf von Freiwilligen beschert. Manche aus der Gruppe sind seit den ersten Kriegstagen in der Ukraine. Sie haben auch in Bachmut gekämpft. Dort ist ein über die Reihen der Legion hinaus bekannter polnischer Freiwilliger gefallen, dem nachgesagt wurde, ein Krimineller zu sein. Als ich Austria nach den genauen Todesumständen frage, sagt er: „Der Mann war vielleicht ein Krimineller, aber ein Feigling war er nicht." Sieben Schusswunden habe der Sanitäter an der Leiche gezählt.

Nachdem ich am zweiten Tag zum ersten Mal seit der Grundausbildung in Fort Benning, Georgia, im Sommer 2012 mit der .50 Browning Machine Gun geschossen habe, verschwindet abends das PRESSE-Abzeichen von meinem Plattenträger. Während einer Landminen-Übung lernen wir von einem pensionierten Pionier der Bundeswehr, wie man Sprengfallen mit Kabelbindern unschädlich macht. Der Balkankriegsveteran wird von den anderen Soldaten liebevoll „Opa" genannt. Wenn Opa Englisch spricht, übersetzt er deutsche Sätze Wort für Wort ins Englische. Die deutsche Grammatik bleibt dabei zumeist unangetastet. Einen Satz, den er gerne verwendet, obwohl er weder nach den Regeln der englischen noch nach den Regeln der deutschen Grammatik funktioniert, lautet: „In sis case, somesing is might be happening." Trotzdem ist der Sinn klar. Die finale Übung, bei der ein Bunker mit einem handlichen Paket Plastiksprengstoff in die Luft gejagt wird, führt nur ein einziges Team aus. Die aus Briten und Amerikanern bestehende Gruppe nennt sich 50/50, weil sie bei vergangenen Einsätzen bis zu fünfzig Prozent Tote und Verwundete zu beklagen hatte. Nach der Übung geht es mit meiner Gruppe in ein Restaurant. Wir bestellen das Business-Lunch für umgerechnet etwas weniger als fünf Euro. Man behandelt uns sehr zuvorkommend und eine der Bedienungen hat ein Gesicht wie eine Porzellanpuppe.

Seit einigen Tagen ist bekannt, dass ein russisches Grabensystem erobert werden soll. Der Angriff soll von einer ukrainischen Einheit vorgetragen werden. Nachrücken wird ein aus Angehörigen mehrerer Gruppen zusammengewürfelter Trupp von ausländischen Freiwilligen. Lange und ausgiebig ist der Grabenkampf zuvor von den Männern trainiert worden. Egal wie viel militärische Vorerfahrung die einzelnen Legionäre mitbringen, Grabenkampf gehörte in den letzten Jahrzehnten nicht zu den Grundfertigkeiten, die einem Krieger des einundzwanzigsten Jahrhunderts vermittelt wurden. Man hielt diese Art der Kriegführung für passé. Der Zeitpunkt des Sturmangriffs wird mehrfach verschoben. Irgendwann heißt es, er finde erst am 28. Juni statt, doch als Prigoschin putscht, wird der Zeitpunkt des Angriffs kurzerhand wieder um einige Tage vorverlegt. Man nutzt die Gunst der Stunde.

Für den Fall, dass die Russen nach dem Verlust ihrer Stellungen mit frisch herangeführten Kräften zum Gegenangriff übergehen, soll eine QRF (Quick Reaction Force) bereitstehen. Austria soll Teil dieser QRF sein und auch Niente und ich melden uns. Ich bekomme das Sturmgewehr eines Iren, der durch Granatsplitter am Bauch verwundet wurde, und fülle drei Magazine. Als ich mir gerade zwei oder drei Handgranaten greifen möchte, sagt Austria: „Don't get too excited. You're not going." Er hat

Greek an der Strippe, der mit dem zuständigen Offizier, einem ehemaligen amerikanischen Captain, gesprochen hat. Niente und ich sind noch nicht lange genug bei der Gruppe. Natürlich hat der Mann Recht. Zumal ich ja eigentlich gar nicht Angehöriger der Einheit bin und deshalb auch nicht krankenversichert.

Die Operation wird ein voller Erfolg. Die demoralisierten Russen leisten zwar zunächst Widerstand, ergreifen dann aber wie erwartet die Flucht. Auch Gefangene werden gemacht. Während die ukrainischen Einheiten die eingenommenen Stellungen der Russen gegen die erwarteten Gegenangriffe halten, hecken Greek und Austria bereits den nächsten Streich aus. Mit einer .50 Browning Machine Gun sollen die Nachschubwege des Gegners unter Feuer genommen werden. Auf der Karte hat es den Anschein, als eigne sich eine bestimmte Baumgrenze an mehreren Stellen zur Positionierung des schweren Maschinengewehrs. Wir erhalten den Auftrag nachzuprüfen, ob die Gegebenheiten auf der Karte mit den realen Gegebenheiten übereinstimmen: eine Aufklärungsmission. Mittlerweile habe ich das tschechische Sturmgewehr des verwundeten Iren eingeschossen. Allerdings besteht das einzig wahrscheinliche Bedrohungsszenario bei dieser Aufklärungsmission im Einsatz von durch Drohnen gelenkte russische Artillerie. Auch Landminen und Sprengfallen könnten zum Problem werden.

Es ist ein schwülheißer Morgen, als wir den Toyota-Pickup in einem Waldstück verstecken und losmarschieren. Nach kurzer Zeit läuft mir der Schweiß in die Augen. Ich beneide die anderen drei nicht, die außer Helm, Plattenträger und Sturmgewehr auch noch Augen- und Gehörschutz tragen. Unsere Artillerie schenkt den Russen heute ganz schön ein. Erst hört man es in der Ferne knallen, dann pfeifen die Geschosse hoch über unsere Köpfe hinweg, bevor sie dort einschlagen, wo sich Putins Soldaten eingegraben haben. Wir erwarten ständig eine Antwort der Gegenseite, aber das feindliche Trommelfeuer bleibt aus. Als wir die Baumgrenze endlich erreichen, gibt Austria den Befehl, Deckung zu suchen. Ich steige in einen Graben und spreche dabei Englisch, damit mich die Ukrainer nicht für einen Russen halten und über den Haufen schießen. Es sind aber gar keine Ukrainer im Graben. Vor mir auf Bauchhöhe: fünf oder sechs in Backpapier eingewickelte Handgranaten. „Wird ein vorgeschobener Posten sein, der gerade nicht besetzt ist", denke ich und krabbele wieder aus dem Loch. Wir setzen den Marsch entlang der Baumgrenze fort. Dann gibt Austria wieder den vertrauten Befehl „Get top cover!" Auch dieses Mal finde ich einen Unterschlupf. Davor liegen ein Plattenträger, eine Schildmütze und eine Hose. Im selben Augenblick steigt mir ein bestialischer Gestank in die Nase. Ich sehe genauer hin. Vor dem Loch, keine zwei Meter neben mir, liegt die halbverweste Leiche eines russischen Soldaten. Der Kopf fehlt. Es ist nur die Wirbelsäule, die noch ein Stück aus dem Plattenträger herausragt. Kurz darauf ist Niente neben mir. Auch er bemerkt den Geruch: „Ugh, what's this smell?" Ich zeige auf die Leiche des russischen Soldaten neben uns. Wir sind verdammt froh, als es weitergeht. Der Gestank ist nicht auszuhalten.

Immer wieder steigt uns dieser Geruch in dem Waldstück in die Nase und in einem der Schützengräben liegt der

Totenschädel eines russischen Soldaten. Das Wäldchen ist außerdem übersät mit russischen Ausrüstungsgegenständen, aber mir ist nicht nach Souvenirs. Niente hebt eine Kaltwetterhose vom Boden auf und es purzeln lauter Maden heraus. Es muss etwa zur Zeit der ersten ukrainischen Gegenoffensive gewesen sein, dass diese russische Einheit durch Artillerie vollständig aufgerieben wurde. Mit Range-Finder und Zielfernrohr eruieren wir, ob es sinnvoll ist, hier das schwere MG aufzubauen. Es stellt sich heraus, dass die Gegebenheiten auf der Karte nicht mit den Gegebenheiten in der Realität übereinstimmen. Der Auftrag ist damit ausgeführt und wir treten den Rückmarsch an. Der kopflose Russe taucht dabei mehrmals vor meinem geistigen Auge auf und ich muss an das Tucholsky-Zitat denken, nach dem Soldaten Mörder seien.

Am nächsten Tag bringen mich die Jungs nach Charkiw, wo ich mich mit einem Angehörigen einer anderen Einheit für ein Interview treffen möchte. Zum Abschied überreicht mir Austrian das Ärmelabzeichen der Gruppe. Von ihm erfahre ich ein paar Stunden später auch, dass das Restaurant, in dem wir das Business-Lunch gegessen haben, von einer russischen Rakete getroffen wurde. Es gibt viele Tote und Verletzte. Zwar hat es in Kramatorsk täglich Luftalarm und Raketenangriffe gegeben. Manchmal waren auch die Detonationen zu hören. Aber dass es dieses Restaurant getroffen hat, versetzt mich in Rage. Ich muss an die zierliche Bedienung mit dem Porzellanpuppengesicht denken. Nein, Tucholsky hat sich geirrt. Wer in diesem Krieg zur Waffe greift, um der Ukraine beizustehen, ist *kein* Mörder. Die Mörder sitzen im Kreml.

In der Kiewer Oper

Nachdem ich eine Gruppe der Internationalen Legion in der Umgebung von Kramatorsk eine Zeitlang begleitet hatte, wollte ich eigentlich einen niederländischen Farmer in der Oblast Tscherkassy im Zentrum der Ukraine besuchen. Ich hatte ihn vor Jahren in einem Irish Pub in Kiew kennengelernt. Gerne hätte ich in einem Interview festgehalten, wie es dem Landwirt seit Ausbruch des Krieges ergangen ist, doch leider reagiert er plötzlich nicht mehr auf meine WhatsApp-Nachrichten. Mir bleiben noch vier Tage im Land, die ich nur ungern mit Müßiggang verbringen würde. Da fällt mir ein argentinischer Freiwilliger ein, den ich ein Jahr zuvor in der ukrainischen Hauptstadt zum ersten Mal getroffen habe. Wir verabreden uns noch für denselben Tag.

Axel dient in einem Freiwilligenbataillon, das zu Beginn des russischen Angriffskriegs aufgestellt wurde. Zusammen mit einem Brasilianer und einem ehemaligen Bundeswehrsoldaten ist er für die Ausbildung der zumeist ukrainischen Rekruten zuständig. Obwohl die Einheit für spezielle Operationen vorgesehen ist, dauert die Grundausbildung nur einen Monat. Danach dürfen die Absolventen das sandfarbene Barett des Bataillons tragen und an Aufklärungs- und Kampfeinsätzen der Gruppe teilnehmen. Überall dort, wo sie der Militärgeheimdienst der Ukraine braucht. Axel und ich verbringen den Abend im Fitnessraum des Bataillons. Der Argentinier flucht über die prähistorische Langhantel und das seiner Ansicht nach wenig proteinreiche Essen bei der Truppe. Es fehle in erster Linie an Rindfleisch. Hühnchen könne er keins mehr sehen. „Und diese Langhantel", knurrt er, nachdem er seinen Satz beendet hat, „ist auch das Letzte!" „Dafür habt ihr hier eine bessere Hindernisbahn, als wir sie bei der Army hatten!", halte ich ihm entgegen. Die Hindernisbahn sei in der Tat gut, konzediert er. Auch an Munition für die Ausbildung mangele es nicht. Nach dem Monat könnten die jungen Leute ganz passabel schießen, selbst wenn sie zuvor nie eine Waffe in der Hand gehabt hätten, teilt mir Axel mit stolzgeschwellter Brust mit. Vielleicht ist seine Brust aber auch nur wegen des häufigen Bankdrückens so breit. Ich möchte jedenfalls nicht der Russe sein, der sich mit Axel im Nahkampf messen lassen muss.

Am nächsten Tag sollen fünfzig neue Rekruten ihre Grundausbildung beginnen. Ich frage Axel, ob ich die ersten drei Tage der Grundausbildung mitmachen darf. Obwohl weder der Argentinier noch der Brasilianer, der später zu uns stößt, etwas einzuwenden haben, bekomme ich am nächsten Morgen eine Absage. Irgendein hohes Tier in der Einheit hat es verboten. Der Grund: generelles Misstrauen gegenüber der Presse. Immerhin erfahre ich von Axel noch Näheres über das Schicksal Messis. Er kennt einen anderen Argentinier in der Ukraine, der wiederum Messi kennt. Offenbar konnte sein Bein von den Chirurgen doch gerettet werden, aber er befindet sich knapp ein Jahr nach seiner Verwundung noch immer in Reha.

In Kiew merkt man vom Krieg vergleichsweise wenig. Luftalarm gibt es freilich. Auch sind die nächtlichen Ausgangssperren noch in Kraft, Monumente mit Sandsäcken geschützt, aber ansonsten geht das Leben in der

Metropole weiter wie vor der Invasion. In der nach dem ukrainischen Dichter Taras Schewtschenko benannten Nationaloper soll *Giselle* aufgeführt werden. Ein Ballett in zwei Akten zu der Musik des französischen Komponisten Adolphe Adam. Es ist eines der wenigen Ballette aus der Epoche der frühen Romantik, die sich noch immer im Repertoire der großen Häuser befinden. Ich beschließe hinzugehen, obwohl ich keine passende Garderobe im Seesack habe. Man wird es mir schon nicht verübeln in einem Land, in dem der Präsident zu jeder Gelegenheit einen Pullover trägt.

Als sich das vom deutsch-baltischen Architekten Viktor Schröter zwischen 1898 und 1901 erbaute Opernhaus langsam zu füllen beginnt, spielt das Orchester bereits, um das Publikum auf die Vorstellung einzustimmen. Worum es in dem Bühnenstück geht, ist schnell erzählt. Giselle lebt mit ihrer Mutter in einem Dorf. Der örtliche Förster Hilarion hat ein Auge auf sie geworfen, doch sie erwidert seine Gefühle nicht. Stattdessen verlieben sich Giselle und der als einfacher Bauer verkleidete Prinz ineinander. Das Problem: Der Prinz ist bereits mit einer Edelfrau verlobt, wobei davon auszugehen ist, dass die Verbindung arrangiert ist. Der eifersüchtige Hilarion entdeckt jedoch das versteckte Schwert des Prinzen. Auf dem Höhepunkt eines Festes, auf dem Giselle mit ihrem Geliebten tanzt, lässt er dessen wahre Identität auffliegen. Der Prinz versucht zunächst zu leugnen, als aber der Förster die Verlobte des Prinzen herbeiruft, kann dieser seine Identität nicht länger verbergen. Giselle verliert den Verstand und bricht schließlich tot zusammen.

Der Charakter der beteiligten Hauptpersonen wird in verschiedenen Versionen höchst unterschiedlich dargestellt. Im historischen Original ist der Prinz sympathisch und tatsächlich in Giselle verliebt. Auch die Verlobte des Prinzen ist eine freundliche Dame, die Sympathie für Giselle empfindet. Nach der Russischen Revolution wurden diese beiden aristokratischen Figuren aus ideologischen Gründen zu selbstsüchtigen, hochmütigen Charakteren umgedeutet, während man den eifersüchtigen und zerstörerischen Hilarion als edle Figur aus dem Volke präsentierte. Auch im Westen wurde diese Umdeutung teilweise übernommen. Die ukrainische Nationaloper hat sich selbstredend am vorbolschewistischen Original orientiert.

Den letzten Abend in Kiew verbringe ich mit Niente in einem belgischen Pub. Er ist in die Hauptstadt geschickt worden, um Ersatzteile für zwei Maschinengewehre aufzutreiben. Die Federn sind gebrochen. Da sich die passenden Ersatzteile nicht finden lassen und eine Lieferung Wochen oder gar Monate dauern könnte, muss wie so oft improvisiert werden. Auch der britische Offizier, der die Gruppe führt, gesellt sich zu uns. Bert ist gerade von seinem Heimaturlaub zurückgekehrt und auf der Durchreise nach Kramatorsk. Er ist hochgewachsen, blond und ein bisschen „posh". Ganz so, wie man sich einen britischen Offizier und Gentleman vorstellt. Die Verabschiedung fällt herzlich aus. Am nächsten Tag beginnt für mich der lange Weg nach Westen. Zunächst nach Süddeutschland und dann weiter in die Niederlande. Dieses Mal mit dem Bus.

Stille Tage am See

Der Außenborder schnurrt, als wir durchs trübe Wasser gleiten. „Hast du einen Bootsführerschein?", fragt mein Kollege. „Das nicht gerade, aber langjährige Erfahrung", antworte ich ihm mit einem Augenzwinkern. Wir drehen noch eine Ehrenrunde und ich rufe ihm zu, ich müsste nicht ganz bei Trost sein, wenn ich während der Saison einen anderen Job machen würde. Achim ist seit einem viertel Jahrhundert Schwimmmeister, aber diesen See kennt er noch nicht. Es ist ein gutes Gefühl, dem älteren Kollegen alles zeigen zu können, denn ich kenne den Tümpel wie meine Westentasche. Seit drei Jahren komme ich im Sommer hierher, um zu arbeiten. Ob es sich um Arbeit im engeren Sinne handelt, darüber ließe sich freilich streiten. Fakt ist, dass man nicht schlecht dafür bezahlt wird, ein Boot zu einer Insel zu fahren, eine Fahne zu hissen und acht bis zehn Stunden aufs Wasser zu glotzen. Wenn man dabei Yoga oder Kniebeugen macht, stört das niemanden. Man kann sogar meditieren, solange man nicht die Augen schließt.

Regnet es und sind keine Schwimmer im Wasser, ist es außerdem ohne Weiteres möglich, Bücher zu lesen. Heute ist so ein Tag. Nachdem Achim und ich die rot-gelbe Fahne am Mast hochgezogen und den Feldstecher ausgepackt haben, vertiefe ich mich in Joseph Conrads *Heart of Darkness*. Die Kassenfrau gibt uns über Funk Bescheid, sobald jemand das Gelände betritt. So haben wir es vereinbart. Der Apparat bleibt lange stumm, also knöpfe ich mir nach Conrads Bestseller noch Hemingways *Herinneringen aan Parijs* vor, die ich auf einem niederländischen Trödelmarkt für ein oder zwei Euro ergattert habe. Ich muss an solchen Schlechtwettertagen immer an den elsässisch-amerikanischen Philosophen Eric Hoffer denken, der bevorzugt Gelegenheitsarbeiten annahm, die es ihm gestatteten, viel zu lesen. Hoffer konnte bereits mit sieben Jahren sowohl Englisch als auch Deutsch lesen, erblindete aber infolge eines Treppensturzes. Im Alter von fünfzehn Jahren erlangte er sein Augenlicht wieder. Aus Angst, erneut zu erblinden, begann er so viel wie möglich zu lesen. Er wurde als lesender und schreibender Goldsucher und Hafenarbeiter berühmt.

Scheint die Sonne, wird es auf dem See lebendig. Mit dem Lesen ist es dann zwar vorbei, aber dafür unterhalte ich mich in der Regel umso intensiver mit meinen Arbeitskollegen. Die meisten sind unter dreißig Jahre alt, aber einer hat mit 66 noch den Rettungsschwimmschein abgelegt. Ich höre ihm gerne zu, wenn er davon erzählt, wie er als kleiner Bub Verwandten im Schwarzwald bei der Heuernte geholfen hat, wie er als Jugendlicher in einer Fabrik Essiggurken in Gläser einsortiert und später Getränkekästen bei Coca-Cola geschleppt hat. Immer wieder führe ich beim Zuhören das Fernglas an die Augen, um den See abzusuchen, aber außer Kindern in Schlauchbooten, ein paar Kraulschwimmern und hin und wieder einem schönen Arsch auf einer Luftmatratze gibt es meist nichts zu sehen. In Freibädern und Hallenbädern versuche ich immer möglichst unauffällig zu entziffern, was sich die Leute so für Sprüche tätowieren lassen. Einmal musste ich fragen: „Was steht denn da über dem Baphomet? Finit hic ... Weiter kann ich es nicht lesen."

„Finit hic deo. Das heißt: ‚Hier endet Gott.'"

„Ich will dir nicht zu nahetreten, aber Finit hic deo heißt niemals: ‚Hier endet Gott.' Gott müsste sonst im Nominativ stehen, aber *deo* ist der Dativ oder Ablativ. Man kann es drehen und wenden ... der Satz macht einfach keinen Sinn. Auch der Vokativ kanns nicht sein, also als Zuruf: ‚Es endet hier, Gott!'"

„Hm, ich hab den Satz aus einem Film. Der steht da auf einer Tür."

„Das spricht nicht für den Film."

Das einzige Mal, dass ich tatsächlich mit einem Kollegen ins Wasser springen musste, um jemanden zu retten, ist Jahre her. Damals habe ich am Badesee in Walldorf gearbeitet. Ein syrischer Flüchtling war zur Mitte des Sees geschwommen und dann in Panik geraten, weil ihn plötzlich die Kraft verlassen hatte. Da es nur ein Ruderboot gab, sind wir geschwommen. In Kleidern. Nachdem wir ihn am Ufer hatten, haben wir ihm die Füße hochgelegt und ihm eine Flasche Cola zu trinken gegeben. So kam sein Kreislauf langsam wieder in Schwung. Viel häufiger muss man sich um Badegäste kümmern, die auf einen spitzen Stein getreten sind oder von einer Biene gestochen wurden. Im Schnitt sind das zwei pro Tag. Natürlich nur an Tagen, an denen etwas los ist.

Dass Kinder und Jugendliche immer weniger Respekt vor Schwimmmeistern haben, kann ich aus eigener Anschauung nicht generell bestätigen. Es kommt stark darauf an, in welcher Nachbarschaft sich das Schwimmbad oder

der Badesee befinden. Natürlich habe ich als Rettungsschwimmer bei der Stadt Mannheim mit einer ähnlichen Klientel zu tun gehabt wie die Kollegen im Berliner Columbiabad. Besonders im Herzogenriedbad. Gefühlt wurde ich vom Schichtleiter jeden Tag einmal vom Becken abgezogen, weil sich auf der Liegewiese Halbstarke mit Migrationshintergrund geprügelt haben. Irgendwann zwischen 2016 und 2019 wurden dann Securities eingestellt. Mit dem Prekariat in den Mannheimer Freibädern kam ich allerdings immer bestens aus. Dagegen ist mir die Wohlerzogenheit der Dorfkinder in so manch einem Bad in der Provinz schon beinahe unheimlich. In einem kleinen Hallenbad im badischen Hinterland, in dem ich anhand einer Strichliste festhalten sollte, wie viele Damen, Herren, Mädchen und – kein Witz – „Knaben" den Tag über anwesend waren, kam ein Junge zur Schwimmmeisterkabine und fragte: „Herr Bademeister, darf ich vom Startblock eine Arschbombe machen?"

„Ja, *eine* Arschbombe ist kein Problem, solange du wartest, bis die Oma auf der anderen Seite ist."

Nach einiger Zeit erschien ein zweiter Junge in der Tür und fragte zaghaft: „Herr Bademeister, darf ich *auch* eine Arschbombe machen." Mir ist die Spucke weggeblieben. Ich wäre als Kind einfach drauflosgehüpft, bis jemand gebrüllt hätte.

Aber es gibt auch auf dem Land ein paar ziemlich verzogene Kids. In einem Schwimmbad an der hessischen Grenze bin ich dem bisher übelsten Subjekt begegnet. Da stehe ich am Beckenrand und traue meinen Augen und Ohren kaum: „Hol mir Pommes, Mama!", ruft ein dicker Junge, der sich behäbig durchs Wasser schiebt. Als die angesprochene Frau nicht gleich auf das Kommando reagiert, schallt es noch ein paar Mal im Kasernenhofton zu ihr herüber. Da sie immer noch nicht reagiert – sie ist in eine Unterhaltung vertieft –, bewirft sie der Zehn- oder Elfjährige mit den Propellerfrüchten eines Ahornbaums. Sie liegen haufenweise am Beckenrand herum, an dem er sich inzwischen festhält. Nun blickt die Mutter hilflos zu ihm herunter und stammelt: „Aber wir gehen doch gleich essen." „Hol mir Pommes, Mama! Ich will Pommes!", insistiert der Fettwanst. Wieder fliegt die Frucht des Ahornbaums, bezeichnet eine schöne Parabel und landet auf der ebenfalls wohlgenährten Mutter des Dickerchens. Sie hebt die Hand, versucht zu lächeln und sagt: „In fünf Minuten." Als der Junge nach ein paar Minuten noch einmal auf seine Portion Pommes besteht, trottet die Mutter tatsächlich in Richtung Kiosk davon und kommt wenig später mit einer Schale Fritten zurück. Ich hätte den Dickwanst von Sohnemann erst am nächsten Tag wieder gefüttert.

Schlimmer als ungezogene Kinder finde ich aber stocksteife Witwen im fortgeschrittenen Rentenalter, die vollkommen vergessen zu haben scheinen, dass sie selbst mal jung waren. Wenn irgendwo ein paar kleine Rotzlöffel vom Beckenrand einspringen oder mit einem Ball spielen, schauen sie den Schwimmmeister beim Vorbeischwimmen immer erwartungsvoll an. Ihr lauernder Blick will sagen: „Wenn Sie jetzt nicht durchgreifen und die Kinder ordentlich zusammenscheißen, schwärze ich Sie nachher bei der Badleitung an." Hinzu kommt: Diese üble Sorte Mensch kennt die Haus- und Badeordnung nicht selten besser als das Schwimmbadpersonal. Glücklicherweise hat man diese Wachhunde auf der Rettungsinsel nicht am Hals. Man braucht hier niemanden zu maßregeln. Libellen und Schmetterlinge flattern durch die Luft und still ruht der See. Einmal ertappe ich mich dabei, wie ich laut zu mir selbst sage: „Was für ein herrlicher Job!" Und doch laufe ich ständig unruhig hin und her, möchte im Grunde nur weg. Ich habe verdammt nochmal Hummeln im Arsch.

Zigeuner unter Zigeunern

Noch immer hängt der Wandteller mit der Aufschrift „Unser täglich Brot gib uns heute" in der gemütlichen schwäbischen Bauernstube über der Tür. Zweimal habe ich hier Spargel gestochen, aber dieses Mal bin ich für die Kiwibeeren- und Apfelernte in dem kleinen Dorf am Kocher. Dreieinhalb Wochen werde ich auf dem platten Land, das allerdings alles andere als flach ist, verbringen. Das Zimmer teile ich, wie schon zweieinhalb Jahre zuvor, mit Remus. Der etwa fünfzigjährige Rumäne mit Romahintergrund hat einen dunklen Teint und die wachen schwarzen Äuglein eines Geige spielenden Zigeuners, aber er ist der beste Stubenkamerad, den man sich wünschen kann. Auch Elemér, den jungen Szekler, hat es wieder ins Schwabenland verschlagen. Mit ihm zusammen habe ich zuletzt dreieinhalb Jahre zuvor bei der Spargelernte malocht. Aber es gibt auch zahlreiche neue Gesichter, darunter das eines Usbeken, der nur Russisch spricht. Sein rumänischer Wortschatz beschränkt sich auf das Wort *mulțumesc*, was danke bedeutet.

Der mit sechzig Jahren wahrscheinlich älteste Erntehelfer ist ein gutmütiger, glatzköpfiger Ungar mit wasserblauen Augen aus der Gegend um Kronstadt. Er hat ein paar verblasste Tätowierungen auf den kräftigen Unterarmen, außerdem drei Punkte zwischen Daumen und Zeigefinger der linken Hand und fünf Punkte zwischen Daumen und Zeigefinger der rechten Hand. Ein Ossi, mit dem ich als 17-Jähriger in einer WG gelebt habe, hat mir damals erklärt, die fünf Punkte an seiner Hand stünden für ihn in seinen vier Wänden, also seiner Zelle. Die drei Punkte brächten hingegen den Grundsatz „nichts sehen, nichts hören, nichts wissen" zum Ausdruck. Als ich den Ungarn frage, wie viel Zeit er hinter schwedischen Gardinen verbracht habe, sagt er: „Numai un an." Nur ein Jahr also. Weshalb er gesessen hat, frage ich nicht. Es ist mir gleichgültig. Dem Zustand der Tätowierungen nach zu urteilen, muss es sehr lange her sein, zumal er vielleicht ein politischer Gefangener während der Ceausescu-Ära gewesen ist. Erst nach drei Wochen bemerke ich auch an der Hand eines alten Zigeuners die drei Punkte. Auf meine Nachfrage, wo und wie lange er im Gefängnis gesessen habe, erfahre ich, dass er ganze acht Jahre im Bau war. Zu guter Letzt ist ein blonder Szekler namens Stefan mit von der Partie. Er ist Mitte zwanzig und kann sogar ein paar Brocken Deutsch.

Während der Großteil der oben genannten Personen bei der Apfelernte eingesetzt wird, sind Stefan und ich für die Ernte der Kiwibeeren zuständig. Wir bekommen beide einen alten, himmelblauen Eicher-Traktor und eine Gruppe rumänischer Roma, die in einem anderen Haus untergebracht sind. Nur halb im Scherz sage ich zu Stefan, ich sei zwar selbst kein Zigeuner, führte aber das Leben eines Zigeuners. Weiße Plastikeimer um den Bauch gebunden, leere und volle Kisten auf den Anhängern, die Rebschere in der Hand, so geht es durch die Reihen des endlos scheinenden Kiwiackers. Aber die Zeit vergeht bei dieser Arbeit trotz der ihr eigenen Monotonie wie im Flug. Im Takt der dem serbischen Turbo-Folk verwandten schnellen Manelemusik, die meistens einer der Roma mit seinem Handy abspielt, fallen die in Höhe des Bauchnabels abgeschnittenen olivengroßen Kiwis in die um den Wanst gebundenen Eimer, die wie ein Lendenschurz vor dem Gemächt hängen. In zehn Stunden schafft ein einzelner Erntehelfer in der Regel zwischen neun und zehn Kisten. Sind die Anhänger unserer Schlepper voll beladen, bringen Stefan und ich die Kisten zur Lagerhalle und verstauen sie mit einem Gabelstapler im Kühlhaus. Mit meiner Gruppe habe ich zunächst den Auftrag, nur die Sträucher abzuernten, die bereits ihre Blätter verloren haben. Der Landwirt fürchtet, die Früchte könnten sonst zu weich für die Sortiermaschine werden. Eile ist geboten.

Wenn gerade keine Manelemusik zu hören ist, fühlt sich Bobby, ein ziemlich dicker Zigeuner um die fünfzig mit einer Warze unter dem rechten Auge, dazu berufen, die Gruppe mit Geschichten aus seinem Leben zu unterhalten, von denen ich meistens nur die Hälfte verstehe. Oft sind es offenbar gerade die Pointen, die ich nicht begreife. Oder wir haben einen unterschiedlichen Humor. Er hat viele Jahre als Erntehelfer in Spanien gearbeitet und war als Wehrpflichtiger bei der Militärpolizei. So viel ist klar. Leider erwartet er nicht selten eine Reaktion von mir, sodass ich wenigstens mit einem Ohr angestrengt hinhören muss, um einigermaßen adäquat auf seine Fragen antworten zu können. Meistens fangen seine Erzählungen entweder mit „În Spania ..." oder „Când am fost în armată ..." (als ich bei der Armee war) an. Letztere Geschichten handeln häufig von seinem Korporal und dem Küchenchef, mit dem er auf gutem Fuß gestanden haben muss. Gespräche, in die andere Arbeiter involviert sind, kreisen häufig um Löhne und Lebensmittelpreise in verschiedenen Ländern. Auch um Sonderangebote bei Edeka und Lidl geht es. Man muss heutzutage als Wanderarbeiter eben schauen, wo man bleibt.

Eine Sache, die mich schon das erste Mal als Erntehelfer fasziniert hat, ist der Umstand, dass sich die Landarbeiter offenbar bester Gesundheit erfreuen, obwohl sie häufig vollschlank sind und nur Mist in sich hineinstopfen. Während der Arbeit trinken sie Billigcola und Organgenlimonade. Zu Mittag und zum Abendessen gibt es Toastbrot und Berge von fettem Schweinefleisch. Daneben werden in Fett gebrutzelte French-Toasts, Dosenwurst mit Aspik und Salami aufgetischt. Und natürlich die obligatorische Tiefkühlpizza, die mit ordentlich Ketchup und Mayonnaise aufgepeppt wird. Ebenso obligatorisch sind die allabendlichen Feierabendbierchen, ganz zu schweigen von den Zigaretten. Als Gemüsebeilage kann man höchstens mal ein paar eingelegte Gurken auf einem Teller erspähen. Dennoch ist mir neben einem Fall von akuten Zahnschmerzen, bei dem ich als Dolmetscher mit zum Zahnarzt musste, damit nicht die falsche Ruine gezogen wird, kein echter Krankheitsfall unter Erntehelfern bekannt. Wenn man vom gelegentlichen Durchfall absieht, den das gierige Naschen der für den Verarbeitungsprozess zu weichen Kiwibeeren mit sich bringt. Mag sein, dass es an der Bewegung und der frischen Luft liegt. Wahrscheinlich hätten sie trotzdem mehr Krankheiten, wenn sie häufiger zum Arzt gingen. Mein ehemaliger Schwiegervater pflegte in Abwandlung eines Churchill-Zitats zu sagen: „First of all: no doctors!"

Der Würfel ist geworfen

Wieder sitze ich im Zug an die Ostfront. Aber dieses Mal bin ich kein Reporter, sondern Soldat der ukrainischen Armee. Knapp vier Wochen zuvor habe ich bei der Internationalen Legion des Militärgeheimdienstes einen Vertrag unterzeichnet, den ich jederzeit auflösen kann. Da ich Anstalten gemacht hatte, das ganze Vertragswerk zu lesen, zog der zuständige Offizier eine Braue hoch und sagte: „I think I know what you're looking for." Dabei tippte er mit dem Zeigefinger auf den letzten Paragraphen, in dem sinngemäß stand, Ausländer dürften ihr Arbeitsverhältnis auch vor Ablauf der regulären dreijährigen Dienstzeit jederzeit kündigen. Natürlich nicht während eines Gefechts. Ich werde zur Maschinengewehr-Abteilung der 2. Schwadron stoßen, die zur Feuerunterstützung auch mit Mörsern und Granatwerfern ausgerüstet ist. Es handelt sich um die Gruppe von Greek, Austria und Niente, die ich einige Monate zuvor in Kramatorsk begleitet habe. Mittlerweile operiert die Gruppe im Gebiet Kupjansk in der Oblast Charkiw. An der nördlichen Ostfront sollen die Russen bis zu 100.000 Mann für eine Offensive zusammengezogen haben.

Fast einen Monat lang musste ich in Kiew warten. Genau genommen habe ich immer noch keinen Ausweis, keine Bankkarte und keinen Marschbefehl. Ich bin allerdings mit meinen Vorgesetzten darüber übereingekommen, mir diese Dinge an die Front nachschicken zu lassen. Zwar musste ich nicht in der Kaserne schlafen, weil ich zufällig ein Mädchen in der ukrainischen Metropole habe, aber nach vier Wochen fiel mir einfach die Decke auf den Kopf. Am Tag vor meiner Abreise übergibt mir das Mädchen ein selbstgemachtes Amulett. Ich bin zwar weder gläubig noch abergläubisch, aber ich möchte es nicht kränken, also murmele ich ein paar Worte der Dankbarkeit und stopfe die handtellergroße Puppe mit der Glücksrune in meinen Seesack. Auch wenn ich als Ultraminimalist eine große Aversion gegen unnütze Gegenstände habe, scheue ich mich davor, das Amulett wegzuwerfen.

Mit mir im Zug nach Osten befindet sich auch Axel, der Argentinier. Nach einem „Vorstellungsgespräch" mit Greek und Austria, das ich angeleiert hatte, wurde beschlossen, ihn ebenfalls in die Maschinengewehr-Abteilung der 2. Schwadron aufzunehmen. Ein unverhofftes Wiedersehen mit einem anderen Argentinier ereignet sich zwei Tage vor unserer Abreise aus Kiew. Ich treffe Messi in einem Restaurant in Bahnhofsnähe. Wir essen zusammen und spielen eine Runde Pool. Kurz nachdem Mario und ich dem 49. Infanteriebataillon im Frühjahr 2022 einen Besuch abgestattet haben, wird Messis rechtes Bein von einer russischen Panzergranate zerfetzt. Nur eine halbe Stunde später wird er im Feldlazarett notoperiert. Weil bei dieser ersten Operation eine Arterie gerettet wird, muss das Bein nicht amputiert werden, obwohl vom Unterschenkel kaum noch etwas übrig ist und auch Teile des Oberschenkels fehlen. Messi bekommt ein künstliches Knie, eine Stange ersetzt das Schienbein. Acht Monate bleibt er ans Bett gefesselt, weitere acht Monate verbringt er damit, wieder laufen zu lernen. Für längere Distanzen benötigt er noch immer Krücken.

Trotzdem möchte der Argentinier wieder zurück an die Front. Jedenfalls in den rückwärtigen Bereich. Sich irgendwie nützlich machen. Dieser Wunsch scheint jetzt in Erfüllung zu gehen. Der Sergeant soll Gerätewart bei seiner alten Einheit werden. Von Messi erfahre ich, dass Denver zum zweiten Mal verwundet wurde und gerade in einem Krankenhaus in Kiew liegt. Dieses Mal handelt es sich um einen Kieferbruch. Ein Kamerad wurde infolge einer Explosion auf Denver geschleudert, was zu der Verletzung geführt hat. Da der Amerikaner tags darauf operiert wird, können wir ihn nicht zusammen im Krankenhaus besuchen. Ich bitte Messi, ihm baldmöglichst Grüße auszurichten.

Natürlich zeigt mir Messi grausige Handy-Bilder vom Zustand seines rechten Beins. Schrecken mich diese Fotos ab? Selbstverständlich tun sie das. Genau wie die Schilderungen Austrias von den letzten Minuten eines britischen Freiwilligen, dem eine Mörsergranate beide Beine und den Unterkiefer weggerissen hat. Oder die russischen Leichen, die wir in einem Waldstück bei Kramatorsk gefunden haben. Aber die Pull-Faktoren sind stärker als die Push-Faktoren. Ich würde gerne behaupten, dass ich mich aus hehren Motiven zur ukrainischen Armee gemeldet habe, aber das wäre geflunkert. Ich sitze nicht im Zug nach Charkiw, um Rache für Ria, das von einer russischen Rakete zerstörte Restaurant in Kramatorsk, zu üben. Jedenfalls nicht vorrangig. Ich hasse die Russen nicht einmal. Es gibt, glaube ich, zwei Sorten von Menschen. Die einen fürchten den Tod mehr als die Langeweile, die anderen die Langeweile mehr als den Tod. Ich habe mich nach den nächtlichen Sirenen in

Kramatorsk und dem Donnergrollen der Front gesehnt. Ich habe keineswegs den Wunsch, früh zu sterben, aber ich möchte auch nicht aus Angst vor dem Tod, diesem ewigen Nichts, Verrat üben am Leben. Ich möchte aus den Vollen schöpfen. Etwas wagen. Und nie habe ich mich so lebendig gefühlt wie in den Momenten, in denen mein Leben in Gefahr war. Vielleicht war es das, was der Flieger Antoine de Saint-Exupéry meinte, als er in *Wind, Sand und Sterne* bekannte: „Nein, ich suche nicht die Gefahr; ich weiß, was ich suche: ich suche das Leben."

Hinzu kommt die Tatsache, dass man hier Personen trifft, die den Lauf der Geschichte beeinflussen, was für mich als Historiker einen ganz besonderen Reiz hat. So habe ich beispielsweise mit dem berüchtigten Dennis Nikitin, dem Kommandeur des aus russischen Überläufern und Nationalisten gebildeten Russischen Freiwilligenkorps, das mehrfach in die russische Oblast Belgorod eingedrungen ist, eine Limonade getrunken. Zwischen uns war kein Misstrauen, obwohl ihm während unserer Unterhaltung klar geworden sein muss, dass ich politisch anders ticke. Der BILD-Reporter Paul Ronzheimer hingegen musste sich vor seinem Treffen mit Nikitin einen Sack über den Kopf ziehen lassen. Ein weiteres Beispiel: Ich bin noch keine fünf Minuten in Kiew, da stellt mir Austria beim gemeinsamen Mittagessen schon einen amerikanischen Freiwilligen vor, der, so erfahre ich ganz nebenbei, sowohl bei der Rückeroberung der Schlangeninsel als auch bei der Einnahme der Ölplattformen im Schwarzen Meer dabei gewesen ist. Ich kann es zunächst kaum glauben, aber der sympathische junge Mann zeigt mir Selfies, die meine letzten Zweifel an der Authentizität seiner Schilderungen zerstreuen. Erst durch die Ausschaltung jener Ölplattformen war es der Ukraine möglich gewesen, der russischen Schwarzmeerflotte empfindliche Schläge zuzufügen, sie aus dem Gebiet westlich der Krim zu vertreiben und den Getreideexport gegen den Willen Russlands wieder aufzunehmen.

Ich stelle mir das Leben wie eine Art Rodeo-Ritt vor. Ich hoffe, ich kann mich noch eine Weile auf dem Gaul halten, bevor er mich in den Graben wirft und mich die Raben fressen. Doch beim Gedanken daran, dass jeder Mensch irgendwann den Arsch zumacht, egal wie lahm sein Ritt war, muss ich zufrieden lächeln.

Winterkrieg bei Kupjansk

Mechanisch setze ich einen Fuß vor den anderen. Der Schnee knirscht unter meinen Stiefeln. Wegen des weißen Schnees brauche ich in der mondlosen Nacht weder eine Stirnlampe noch ein Nachtsichtgerät. Während ich auf dem Weg in die Stellung noch an den Ohren gefroren habe, stehen mir jetzt Schweißperlen auf der Stirn. Der Maschinengranatwerfer Mk 19, den ich auf dem Rücken habe, wiegt immerhin 33 Kilo. Es ist nicht das erste Mal, dass ich das Ungetüm für ein paar Kilometer spazieren trage. Zum Glück habe ich nur eine Glock an der Splitterschutzweste. Ein Sturmgewehr wäre in dieser Lage bloß hinderlich. Die Front ist an diesem Abschnitt seit einigen Tagen verhältnismäßig ruhig. Hin und wieder rattert dennoch ein Maschinengewehr, sieht man die Leuchtspurmunition am schwarzen Himmel hinter der Böschung aufsteigen und drüben auf das von Putins Truppen gehaltene Stellungssystem niederprasseln. Ab und an blitzt es wie bei einem Gewitter. Ein oder zwei Sekunden später hört man den Knall. Das sind die 152-mm-Granaten der russischen Artillerie.

Von solch einer Artilleriegranate wurde wahrscheinlich der völlig zerstörte Humvee getroffen, an dem wir auf unserem Weg entlang eines Schienenstrangs in der Dunkelheit vorbeistapfen. Möglich natürlich, dass das Fahrzeug zunächst von einem Drohnenpiloten ins Visier genommen wurde. Die Vernichtung eines schlecht getarnten gegnerischen Artilleriegeschützes durch eine

FPV-Drohne habe ich eine Woche zuvor im Hauptquartier live am Bildschirm mitverfolgen können. Persönlich habe ich vom Krieg an der nördlichen Ostfront um Kupjansk noch nicht viel mitbekommen. Nicht eine Nacht habe ich bisher im Schützengraben schlafen, nicht einen Schuss abgeben müssen. Diejenigen, die schon länger hier sind, können allerdings ein Lied singen von den Stellungskämpfen und dem Leben in der „Blindage". So wird im Stellungsbau der Unterschlupf bezeichnet, in den sich die Soldaten bei Artilleriebeschuss zum Schutz vor Granatsplittern zurückziehen. Bei einem Volltreffer mit einer 152-mm-Granate bietet die Blindage indes keinen ausreichenden Schutz. Ein Volltreffer bedeutet so gut wie immer: Game over. In diesen mit Baumstämmen und Aushub überdachten Erdlöchern wird auch geschlafen. Schon nach wenigen Tagen sind die Gesichter der Soldaten rußgeschwärzt von den Hindenburglichtern, die zwar das Atmen erschweren, aber wenigstens ein bisschen Wärme spenden.

Von dieser Wärme werden allerdings auch Mäuse und Ratten angezogen. Da der Herbst sehr mild gewesen ist und es viel Futter auf brachliegenden Äckern gab, konnten sich die Mäuse stark vermehren. Es gehört weiter nicht viel Fantasie dazu sich vorzustellen, von was sich die Ratten an der Front hauptsächlich ernähren. Immerhin fressen Ratten auch Aas, und Leichen gibt es hier reichlich. Dazu Rationen und Speiseabfälle. Kaum ein Soldat, der nicht schon ein paar Nager aus seinem Schlafsack geschüttelt hätte. Dabei sind die Tiere nicht nur lästig, sie übertragen auch Krankheiten. Gerade in der Region um Kupjansk östlich der Stadt Charkiw ist im Dezember des zweiten Kriegsjahres bei vielen russischen Soldaten eine Erkrankung mit dem Hantavirus festgestellt worden. Laut dem Robert-Koch-Institut werden die Viren von infizierten Nagetieren über Speichel, Urin und Kot ausgeschieden. Auf den Menschen kann die Übertragung der Krankheit über aufgewirbelten Staub oder durch den Verzehr kontaminierter Lebensmittel erfolgen.

Als wir das Ziel unseres Marsches endlich erreichen, gibt ein junger, aber gleichwohl erfahrener Weißrusse den Befehl noch zweihundert Meter weiterzumarschieren. Er hat vollkommen Recht, denn es ist gut möglich, dass die gegnerische Artillerie sich längst auf die Kreuzung eingeschossen hat. Also weiter. Ein Fuß vor den anderen. „Das waren jetzt bestimmt zweihundert Meter", keuche ich. Der junge Mann, über dessen rechte Wange sich eine vertikale Narbe zieht, die dicht unter dem Auge endet, nickt. Die Narbe ist ein Andenken an eine Verwundung, die er in diesem Krieg erlitten hat. Ich nehme den Maschinengranatwerfer von meinem nassgeschwitzten Rücken und lasse mich neben ihn in den Schnee fallen. Wie in Kindertagen, denke ich, während ich Arme und Beine ein wenig hin- und herbewege. Fünf Minuten später ist der kanadische Rochel, ein gepanzerter Truppentransporter, da, um uns mitzunehmen. Der vorerst letzte Einsatz meiner Gruppe ist beendet. Bei der Internationalen Legion des ukrainischen Militärgeheimdienstes funktioniert es mit der Rotation. Jede Einheit wird nach einigen Monaten aus der Front herausgelöst, um sich zu erholen. Im Anschluss folgt die Einsatzvorbereitungsphase für das nächste Deployment.

Leider ist das längst nicht bei allen ukrainischen Einheiten der Fall. Manche Verbände stehen seit Beginn der ukrainischen Gegenoffensive Anfang Juni ununterbrochen im Kampf. Es mangelt der Ukraine an Soldaten, um ihre Einheiten angemessen rotieren zu können, obwohl das Land ohne Weiteres ein bis zwei Millionen neue Rekruten ausheben könnte, nicht nur die vom Generalstab geforderte halbe Million. Manchen Ukrainern geht mittlerweile das Bewusstsein dafür ab, dass dieser Krieg auch noch mit einer Niederlage enden könnte. Würden die Männer in der Industrie sukzessive durch Frauen ersetzt, die Universitäten, mit Ausnahme der medizinischen und technischen, vorübergehend geschlossen, damit jüngere Jahrgänge eingezogen werden können, und Frauen zu Logistik-, Sanitäts- und Sicherungsaufgaben herangezogen, nähme man dem Aggressor seinen einzigen Trumpf: die quantitative Überlegenheit. Freiheit hat einen Preis.

Garnison in der Hauptstadt

Ich sitze im Nuance Coffee, einem Hipster-Café im Kiewer Stadtteil Podil. Mir gegenüber das schönste Mädchen, das mir in den drei Monaten, die ich jetzt Angehöriger der ukrainischen Streitkräfte bin, über den Weg gelaufen ist. Na ja, über den Weg gelaufen ist sie mir eigentlich nicht. Ich war mit einem älteren schwedischen Kameraden in einer Bar, in der sie gekellnert hat. Meinen Espresso-Martini wollte ich mit Gin, nicht mit Wodka. Da war sie einigermaßen erstaunt und wir haben ein bisschen über Cocktails geplaudert. Schon „damals", das ist jetzt erst eine Woche her, war ich vollkommen hin und weg, wenn ich in ihre blauen Augen geblickt habe. Sie bilden einen schönen Kontrast zu ihren schulterlangen braunen Haaren. 24 ist die Schöne und damit elf Jahre jünger als ich und ein Jahr älter als meine Exfreundin. Jedenfalls sitzt sie mir nun in diesem Hipster-Laden gegenüber und es ist unser erstes Date. Ich frage sie, ob sie Lust hat, am folgenden Tag mit in einen Fitness-Klub zu kommen, in dem es auch einen Pool gibt. Nicht weil ich sie gerne im Bikini oder im Badeanzug sehen würde, einfach weil ich dieses Fitnessstudio ohnehin ausprobieren möchte. Sie lehnt mit Verweis auf eine Knieverletzung ab, die sie sich beim Jiu-Jitsu zugezogen hat. Das englische Wort für Knie fällt ihr nicht ein, aber sie tippt demonstrativ mit dem Finger auf ihre linke Kniescheibe. Ich frage: „Kolino?" Ja, sagt sie strahlend und wiederholt das Wort, das ich mir nur deshalb merken kann, weil es so italienisch klingt, obwohl *colino* im Italienischen etwas vollkommen Anderes bedeutet, nämlich „Sieb". Leider währt das Rendezvous nicht allzu lange, denn sie muss noch zur Familie ihrer Schwester, die in einem anderen Stadtteil lebt. Außerdem hat sie mich zehn Minuten warten lassen, was aber außerhalb des deutschen und niederländischen Sprachraums, Skandinaviens und der Anglosphäre vollkommen normal ist. Und ich habe selbst noch eine weitere Verabredung an diesem Tag.

Anastasia ist drei Jahre älter als ich, und seit ich sie vor ein paar Tagen mit auf mein Hotelzimmer genommen und mehrmals ordentlich durchgenudelt habe, ist sie ein bisschen verliebt in mich. Diesen Eindruck habe ich jedenfalls, aber ich kann mich natürlich auch täuschen. Vielleicht ist sie einfach eine Nymphomanin. Das wäre mir an und für sich lieber. Rumgekriegt habe ich sie, glaube ich, schon vorher. Als ich im Restaurant Vero ohne mit der Wimper zu zucken eine Flasche Rotwein für umgerechnet 64 Euro bestellt habe. Man gibt das Geld ganz anders aus, wenn man nicht weiß, ob man im nächsten Monat noch die Möglichkeit dazu haben wird. Während wir in ihrer überdimensionierten Badewanne sitzen und uns gegenseitig befummeln, wird plötzlich das Wasser kalt. Ein Klassiker. Die Boiler in der Ukraine reichen meistens nur für die ersten zehn Zentimeter Wanneninhalt. Natürlich hat Anastasia mitgedacht und ein paar Töpfe mit Wasser auf den Gasherd in der Küche gestellt. Das kochende Wasser schüttet sie jetzt nach und nach in die Wanne. So war es, wenn meine Großmutter an den Tagen, in denen ich im Kleinen Odenwald mit meinen Freunden Iglus gebaut habe und Schlitten gefahren bin, abends ein warmes Fußbad für mich gemacht hat. Ich hockte dann auf einem uralten Melkschemel, die frierenden Füße in der heißen Wäschewanne. Daran denke ich aber nur kurz. Die meiste Zeit denke ich an die schönen blauen Augen der Kellnerin, an ihr unglaublich hübsches Gesicht und daran, wie süß es klingt, wenn sie „kolino" sagt. Wie eine richtige Italienerin. Und Italienerinnen haben es mir nun einmal seit jeher angetan. Wenn ich mich recht entsinne, war es eine Italienerin aus Singen am Hohentwiel, die mir meinen ersten Kuss verpasst hat. Damals beim Flaschendrehen auf dem Heuboden im Bohlinger Reitstall, wo ich als Zwölf- und 13-Jähriger Reitstunden genommen habe. Dafür musste ich Ställe ausmisten. Nicht für den Kuss, für die Reitstunden natürlich.

An die schönen Augen der Kellnerin denke ich auch, als wir uns anschließend den britischen Monumentalfilm *Zulu* aus dem Jahr 1964 ansehen, in dem 139 Briten, hauptsächlich Waliser, bei Rorke's Drift die wiederholten Angriffe von 4000 Zulu-Kriegern abwehren. Der Film ist von dem amerikanischen Regisseur Cyril Endfield, der seltsamerweise in jungen Jahren als Kommunist auffiel, in die Fänge des Komitees für unamerikanische Umtriebe geriet und nach Großbritannien auswanderte, um weiter Filme drehen zu können. Eigentlich wollte ich Anastasia den noch etwas älteren Monumentalfilm *Ben Hur* zeigen, weil sie mich nach meinem Lieblingsfilm gefragt hatte, aber wir haben ihn auf die Schnelle nicht im Netz finden können. Während die Zulu mit ihren Speeren und den bei einer vorangegangenen Schlacht erbeuteten Gewehren und ihrem Pendant zum russischen „Urä!" angreifen, legt Anastasia ihren Kopf auf meine linke Brust. Ihr Kater legt seinen Kopf auf meinen rechten Oberschenkel. Er trägt eine Halskrause, damit er sich nicht zwischen den Beinen schlecken kann, weil er heute kastriert worden ist. Es war höchste Zeit. Als ich das letzte Mal bei Anastasia war, hat er pausenlos einen grauen Stoffhund gerammelt. Dabei musste ich immer daran denken, dass längere Abstinenz zu einer Senkung der Ansprüche führt. Und an das Phänomen der Lagerhomosexualität, das man in Gefängnissen beobachten kann. Zuweilen auch unter den philippinischen Besatzungsmitgliedern von Handelsschiffen, auf denen es nur Männer gibt. Die Filipinos bleiben ja immerhin ein ganzes Jahr an Bord. Jedenfalls war das in meiner Kadettenzeit vor zwölf Jahren so.

Als wir so daliegen und in den Film vertieft sind, leuchtet plötzlich mein Handy auf. Nadja wünscht mir wie jeden Abend eine gute Nacht. Ich habe sie während eines zehntägigen Urlaubs kennengelernt, den ich teils zum Skifahren in den Karpaten und teils in Odessa verbracht habe. Beim ersten Date sind wir nur spazieren gegangen. Vier oder fünf Stunden lang. Und zwar in und um ihre Heimatstadt Biljajiwka. Wobei: Das stimmt nicht ganz. Wir waren auch im Kino und haben uns eine ukrainische Komödie angesehen, von der ich zwar die grobe Handlung verstanden habe, aber sonst nicht viel. Biljajiwka liegt am Arsch der Welt. Irgendwo zwischen Odessa und Moldawien. Das nächste Mal hat sie mich dann für zwei Tage in Odessa besucht und seitdem gibt sie keine Ruhe. Ich bekomme schon jedes Mal eine leichte Wut im Bauch, wenn ich ihre Nachrichten sehe, dabei waren es wirklich zwei schöne Tage. Leider bringe ich es einfach nicht übers Herz ihr zu schreiben, sie solle mir nicht mehr so häufig Nachrichten schicken. Ich hoffe, dass es ihr irgendwann selbst langweilig wird.

Mit der Kellnerin ist es gerade umgekehrt. Für sie würde ich vielleicht sogar meine Träume opfern. Zum Beispiel den, mich mit wenig Geld und wechselnden Jobs von Seattle nach New Orleans durchzuschlagen und in der Stadt mit den französischstämmigen Einheimischen den Mardi Gras zu feiern. Oder den, in einem exotischen Land eine Kneipe mit dem Namen Gringo's Bar zu eröffnen. Oder den, nach dem Krieg als Contractor auf Schiffen am Horn von Afrika zu arbeiten. Vielleicht würde ich hier sesshaft werden und es noch einmal mit einer Familiengründung probieren. Ich könnte Deutsch und Englisch unterrichten. Wobei ich lieber Latein unterrichten würde. Notfalls mit Holzbein und Glasauge. Aber würde sie mich dann überhaupt noch wollen? Was heißt „noch"? Will sie mich denn? Sie schreibt mir zwar hin und wieder über Instagram, aber nach meinem Geschmack viel zu selten und immer nur Antworten auf meine Fragen. Das treibt mich in den Wahnsinn und ich muss mich regelrecht dazu zwingen, ihr keine längeren Nachrichten zu schreiben als sie mir. Diese ganze Dating-Wissenschaft zerstört jede Romantik. Aber leider ticken Frauen nun einmal so. Sie können natürlich nichts dafür. Die Evolution hat sie so programmiert, dass sie sich von den Männern angezogen fühlen, die ihnen die kalte Schulter zeigen. Also von den Männern, die alle haben können und sich deshalb nicht um sie scheren. Das meint auch mein schwedischer Kamerad, der schon Mitte fünfzig ist, als ich mit ihm am nächsten Morgen frühstücke. Sein faltiges Gesicht verzieht er dabei zu einer traurigen Grimasse und schiebt noch einen Seufzer nach. Der Mann wird es wissen, denke ich, und beiße leicht deprimiert in mein Croissant. Natürlich habe ich sie nur wenige Tage später beim Anblick einer hübschen Kellnerin in Lemberg so gut wie vergessen.

Auf Messers Schneide

Ein lauter Knall, ein metallisches Geräusch, dann dringt blauer Rauch in den kleinen Betonbunker ein, den die Russen hier hingestellt haben, bevor sie von den Ukrainern zurückgeworfen wurden. Zum wiederholten Mal hat eine Drohne eine Handgranate in unseren Graben plumpsen lassen. Genau vor die Stahltüre, die der junge Weißrusse, der hier das Sagen hat, glücklicherweise im letzten Augenblick zuziehen kann. Einmal schlägt sogar eine etwa fünfzig Zentimeter lange Stichflamme durch den Türschlitz. Der Plan für dieses Gefecht war simpel: Ein von der eigenen Artillerie vorbereiteter Sturmangriff auf ein von den Russen gehaltenes Gebäude sollte Putins Truppen zur Flucht bewegen. Zur Unterstützung des Angriffs standen außerdem zwei Panzer und mehrere Schützenpanzer bereit. Der Auftrag unserer vierköpfigen Granatwerferbesatzung lautete: Nachschub- und Rückzugswege der Russen abschneiden. Da uns das mit der Zerstörung eines Pickup-Trucks und der Beschädigung eines weiteren Fahrzeugs auch gelungen ist, haben sie drüben jetzt ein gesteigertes Interesse an unserer Neutralisierung.

Nachdem zunächst Mörser- und Artilleriegranaten in unmittelbarer Nähe zu unserem Graben eingeschlagen sind, schickt der Feind jetzt Drohnen, an denen Handgranaten baumeln. Offenbar wechseln sich zwei Drohnenpiloten ab, denn die Abstände, in denen diese verhassten Blecheier in unseren Graben fallen, sind kurz. An einen weiteren Einsatz unseres Mark-19-Maschinengranatwerfers ist ab diesem Zeitpunkt nicht mehr zu denken. Als dann auch noch ein russischer Panzer auf unseren Bunker schießt, vergräbt der junge Weißrusse sein vom Krieg gezeichnetes Gesicht in den vor Dreck starrenden Händen und murmelt apathisch „That's bad. That's very bad." Mein Blick wandert zu dem jungen Schweden, der mir gegenübersitzt und sich bedächtig mit dem Handrücken übers Kinn streicht, dann zu dem noch jüngeren Österreicher. Nur zwanzig Jahre hat er auf dem Buckel und ist erst vor einem Monat zu unserem Haufen gestoßen. Beide verziehen keine Miene. So endet es also, denke ich. Ich bin in diesem Moment vollständig davon überzeugt, dass ich diesen Tag nicht überleben werde. Wir sitzen ja in der Falle. Der Feind weiß, wo wir sind und setzt offenbar alles daran, uns auszuschalten.

Ich reflektiere in dieser Situation noch einmal ausgiebig über die Gründe, derentwegen ich mich in dieser misslichen Lage befinde. Freilich, ich hatte schon vor dem Krieg Bekannte in der Ukraine, bin gegen die russische Aggression und ziehe das Leben in einem Rechtsstaat dem Leben in einer Autokratie vor. Trotzdem waren diese Gründe mitnichten ausschlaggebend für meine Entscheidung, den ukrainischen Streitkräften beizutreten. Viel entscheidender waren Abenteuerlust und die Hoffnung, meine Karriere als Schriftsteller könne durch diesen Schritt befördert werden. Ich bin zwar ein wenig traurig, war in meinem Leben aber schon viel trauriger als in dieser scheinbar ausweglosen Lage. Es ist eher so etwas wie Bedauern. Bedauerlich finde ich beispielsweise den Umstand, das Tal der Könige nie besucht zu haben und nicht auf der Chinesischen Mauer spazieren gegangen zu sein. Gleichzeitig frage ich mich, was bloß mit unseren eigenen Panzern los ist. Eine Stunde zuvor noch hatte ich einen der beiden sowjetischen Tanks unmittelbar neben unserer Stellung gesehen. Ich werde es später an diesem Tag erfahren: Ein Panzer wurde von einer Lancet-Drohne getroffen, der andere ist auf eine Panzermine gefahren. Nachdem die angetrunkene Besatzung ausgebootet hatte, wurde der Panzer mittels Handgranatenabwürfen durch Drohnen in die geöffneten Luken vollständig zerstört.

Um Funkkontakt mit unserer Kommandozentrale zu haben, müssen wir raus aus dem Bunker. Daher wiederholt sich das Katz- und Mausspiel mit den Drohnenpiloten mehrmals. Irgendwann hören die Abwürfe aber doch auf und auch der russische Panzer scheint sich vorübergehend der Bekämpfung eines anderen Ziels gewidmet zu haben. „We're going in pairs of two", befiehlt der Weißrusse. Er zeigt auf den Schluchtenscheißer und mich und sagt: „You go first." Wir rennen also auf das Gebäude zu, in dessen Keller sich unsere Gruppe als taktische Reserve bereithält. Es liegt in etwa zweihundert Metern Entfernung. Luftlinie allerdings. Während ich mit dem Plattenträger und meinem Sturmgewehr den Arsch wackeln lasse, schlägt mir der am Gürtel baumelnde Spaten gegen die Beine. Und ich wundere mich die ganze Zeit über den Umstand, dass keine Handgranate vom Himmel fällt. Unser Maschinengranatwerfer ist durch die Schrapnelle einer Panzergranate stark beschädigt worden. Er ist nicht mehr zu gebrauchen und es ist fraglich, ob er repariert werden kann. Ein Totalverlust ist auch das

Tarnnetz, das ihn bedeckt hat. Ich hatte es wenige Tage zuvor von einem Mädchen in Charkiw geschenkt bekommen. Das Gebäude, in dem sich meine Gruppe befindet, wurde von zwei KAB-500L nur ganz knapp verfehlt. Abgeworfen wurden sie von einem russischen Kampfjet. Dabei sind sämtliche Scheiben zerborsten. Auch die zuvor geschlossenen Türen in den Gängen stehen nun alle offen oder sind sogar aus ihren Verankerungen gerissen. Das Nebengebäude steht lichterloh in Flammen. Neben einigen leichten Gehirnerschütterungen gibt es aber wie durch ein Wunder keinen Personenschaden.

Den gibt es aber unter den Angehörigen der Sturmgruppen. Die Bilanz des Tages: Zwei tote Weißrussen und zwei tote Georgier. Dazu acht Verwundete. Die Weißrussen wurden durch herabstürzende Trümmerteile eines Gebäudes erschlagen, in dem sie Deckung gesucht hatten. Ob die ukrainische Besatzung des von der Lancet-Drohne getroffenen Panzers sich lebend aus dem Stahlkoloss retten konnte, weiß ich nicht. Dem gegenüber stehen die Toten und Verwundeten, die der Einsatz des Granatwerfers auf russischer Seite gefordert hat. Und das fünfminütige Trommelfeuer der ukrainischen Artillerie, das den Angriff eröffnet hat. Es handelt sich weder um einen Sieg noch um eine eindeutige Niederlage. Tags darauf beginnen wir damit, das große Gebäude, in dessen Keller wir Quartier bezogen haben, zur Verteidigung einzurichten. Mit einem Gegenangriff der Russen muss gerechnet werden. Während dieser Befestigungsarbeiten wird unser Drohnenpilot von den Schrapnellen einer FPV-Drohne getroffen. Das Metall bohrt sich in beide Waden und bricht ihm außerdem ein Bein. Trotzdem habe ich das Gefühl, er sei glimpflich davongekommen. Da es, obgleich Mitte März, plötzlich wieder arschkalt ist, zünden manche Soldaten im Keller Hindenburglichter an, was in der ersten Nacht zu einer Handvoll Kohlenmonoxidvergiftungen führt, von denen sich aber alle wieder erholen. Im Ganzen hausen wir fünf Tage und Nächte in dieser Ruine, sodass ich nach dem Einsatz eine Frostbeule an einer Zehe entdecke. Zurück geht es nachts, vorbei an Panzersperren und Tellerminen, begleitet vom andauernden Rattern der Maschinengewehre und vom Blitzen und Donnergrollen der Artillerie. Hin und wieder steigt eine Leuchtkugel auf.

Bei der Zigeunerartillerie

„Tri, dwa, simdesjat", rauscht es durchs Funkgerät. „Tri, dwa, sim, null", wiederhole ich und richte den sowjetischen 120-mm-Mörser auf das neue Ziel aus. Dann lässt der weißrussische Geschützführer die mit fünf Treibladungen ausgestattete Mörsergranate ins Rohr gleiten. Anschließend überprüfe ich, ob der Mörser noch im Wasser steht und es mit dem Zahlensalat seine Richtigkeit hat. „Three, two, seven, zero, elevation same", bestätigt der untersetzte Mann mit den dunklen Bartstoppeln. Jetzt ziehe ich das kostbare Visier ab und straffe die Abzugsleine: „Ready to fire!" „Open se fire!", brüllt der Weißrusse. Ich ziehe, es donnert. Während sich diese Szene mehrfach wiederholt und sich nur die Zahlen ändern, macht ein alter Deutscher mit Rauschebart die nächsten Mörsergranaten scharf. Zuerst wird der Zünder, auf den später der Schlagbolzen trifft, mit einem Gummihammer hineingeklopft, wobei es ratsam ist, nicht zu übermütig zuzuschlagen. Danach werden die zusätzlichen Treibladungen, mit Schwarzpulver gefüllte Stoffsäckchen, um das schlanke Ende der Mine gebunden. Zuletzt wird die Schutzkappe über dem Aufschlagzünder abgeschraubt und die scharfe Granate an den Ladeschützen weitergereicht. Eigentlich bin ich der Ladeschütze, aber der Geschützführer wollte für ein paar Tage die Rollen mit mir tauschen, damit ich auch Erfahrung als Richtschütze sammeln kann. Der Kerl scheint mich zu mögen und froh darüber zu sein, jemanden gefunden zu haben, mit dem er sein Englisch trainieren kann.

Den alten Deutschen, vom Habitus Landstreicher, hat er hingegen ziemlich auf dem Kieker. Ständig staucht er ihn wegen irgendwelcher Lappalien zusammen, treibt ihn mit Beleidigungen dazu an, schneller zu arbeiten und verwirrt ihn mit teils widersprüchlichen Anweisungen, die kurz aufeinander folgen. Einmal wirft er sogar den Gummihammer nach ihm. Und trifft. Der Mann ist zwar wirklich manchmal etwas neben der Spur, aber so eine Behandlung hat er nicht verdient. Ich hätte an seiner Stelle längst das Weite gesucht. Das sage ich ihm auch, als wir alleine sind, aber er winkt ab und sagt, er habe sich schon an diesen Umgang gewöhnt. Das nehme er sich alles nicht zu Herzen.

Ausgebildet worden bin ich an einem alten iranischen 82-mm-Mörser und an jugoslawischen 60-mm-Mörsern. Das Prinzip ist aber dasselbe, nur dass man bei den kleineren Kalibern keine Abzugsleine verwendet. Mir ist der große sowjetische Mörser aus dem Zweiten Weltkrieg, den wir in Kombination mit einem moderneren bulgarischen Zweibein verwenden, mit dem sich im Gegensatz zum alten russischen Zweibein auch die Horizontalachse des Mörsers stufenlos verstellen lässt, sehr sympathisch. Man benötigt weniger Feinmotorik, um den schweren Minenwerfer ins Wasser zu bekommen und nach ein oder zwei Schuss gibt es praktisch keine durch den Rückstoß verursachte Verschiebung mehr nach links oder rechts. Mörser sind im Gegensatz zu Haubitzen Steilfeuergeschütze mit einer eher geringen Reichweite, weshalb ihre Bedienmannschaften im Soldatenjargon auch als Artillerie der Infanterie oder als Zigeunerartillerie bezeichnet werden. Ihr erster dokumentierter Einsatz erfolgte im Spätmittelalter bei der Eroberung von Konstantinopel im Jahr 1453. Während heute immer noch Mörser zum Einsatz kommen, die vor achtzig Jahren erstmals in Dienst gestellt wurden, hat es im Bereich der Munition und Feuerleitsysteme enorme Verbesserungen gegeben. So wird unser Mörserfeuer beispielsweise von Drohnenpiloten beobachtet und gelenkt.

Unsere Stellung ist geradezu idealtypisch. Sie könnte aus einem Handbuch für den Einsatz von Mörsern stammen. Das Geschütz befindet sich in einer mit Buschwerk bestandenen Schlucht, dahinter, unter einem großen Strauch, ein Unterstand und ein Munitionsdepot. Beide mannstief. Es ist eine schweißtreibende Arbeit, solche Löcher auszuheben. Anfangs trägt man noch Helm und Plattenträger, dann schaufelt man ohne Helm weiter und irgendwann liegt auch der Plattenträger neben dem Aushub. Die Rationalisierung dieses Verhaltens lässt sich wie folgt in Worte fassen: Im Loch ist man vor Schrapnellen geschützt, schlägt eine Granate hingegen im Loch selbst ein, nützen auch Helm und Plattenträger nichts mehr. Unweit unserer Stellung befinden sich einige Sommerhäuser, sogenannte Datschen. Um nicht von feindlichen Drohnen gesichtet zu werden, verbringen wir die meiste Zeit im Erdgeschoss einer solchen Datscha. Zusammen mit einem einäugigen Kater, der von uns nach allen Regeln der Kunst gemästet wird. Dabei ist es schon Frühling und die von Seen und Tümpeln durchzogene Landschaft ist nichts weniger als malerisch. Gestört wird die Idylle aber nicht nur durch russische Drohnen, sondern auch durch ein Schild mit der Aufschrift „Minen". Wir halten uns also lieber an den ausgetretenen Pfad zu unserem

Mörser und streifen sonst wenig in der Gegend herum. Trotzdem ist es schade, dass wir die Stellung schon nach zehn Tagen verlassen müssen, weil unsere Einheit aus diesem Frontabschnitt in der Oblast Charkiw herausgelöst wird. Wir verlegen in den Donbass. Die Schlacht um Tschassiw Jar hat begonnen.

Kampf um Tschassiw Jar

Es ruckelt kurz, dann steht der Zug. Ich werfe einen Blick auf die vielen Uniformierten, die hier zusteigen. Darunter ist auch eine rothaarige Schönheit Anfang zwanzig. Sie hat schwer an ihrem Militärrucksack zu tragen, den ein Patch mit einer stilisierten „Wyschywanka", einer traditionellen ukrainischen Stickerei, ziert. Natürlich sind da außerdem die obligatorischen Dickwänste Mitte vierzig, die selbst nach Monaten im Feld kein Gramm Gewicht zu verlieren scheinen. Mein Blick wandert zur Bahnhofshalle, über der in großen hellblauen Lettern der Name der Stadt prangt: Slowiansk. Abgefahren ist der Zug kurz zuvor in Kramatorsk. Ich habe diese Stadt im vergangenen Monat sehr liebgewonnen. Der Frühling im Donbass hat seinen ganz besonderen Reiz. Obwohl es verglichen mit Deutschland oder den Niederlanden selten regnet, ist die Landschaft üppig grün. Am reizvollsten ist aber die Abwesenheit von Touristen. Souvenir-Läden gibt es in Kramatorsk nicht, dafür eine Markthalle, zahlreiche Parks, Alleen und Grünanlagen. Dank der vielen Mülleimer, die offenbar häufig geleert werden, ist die Stadt zudem sauber. In diesem Idyll erholt sich meine Gruppe von den Fronteinsätzen in der umkämpften Stadt Tschassiw Jar.

Heute ist der 9. Mai. Eigentlich wollten die Russen Tschassiw Jar bis zu diesem historischen Datum, an dem in Moskau der Sieg über Nazi-Deutschland gefeiert wird, erobert haben. Das sagten zumindest Militärblogger und

Analysten. Von einer Einnahme der Stadt in der Oblast Donezk sind Putins Truppen indes noch weit entfernt. Die durch einen Kanal in West und Ost geteilte Stadt wird auch von der Internationalen Legion des ukrainischen Militärgeheimdienstes verteidigt. Vor der russischen Invasion lebten in Tschassiw Jar etwa 13.500 Menschen, von denen trotz der extrem bleihaltigen Luft noch ein paar Hundert in ihren Häusern oder dem, was davon übrig ist, ausharren. Jedes Mal, wenn ich einen alten Mann sehe, der sich auf seinem klapprigen Fahrrad in aller Seelenruhe seinen Weg durch die Geisterstadt bahnt, während die Russen sie mit Mörsern, Artillerie und Panzern unter Dauerbeschuss nehmen, muss ich unwillkürlich den Kopf schütteln. Diese alten Knacker sind Stoiker, wenn es je welche gab, denke ich dann.

Unsere Mörserstellung befindet sich auf der westlichen Seite der Stadt unweit des Kanals. Wir haben es uns im Keller eines Hauses mit großem Garten bequem gemacht. Unseren rumänischen Minenwerfer M96A haben wir mit Gerümpel und Asbest-Wellplatten getarnt. Die Mörsergranaten mit 82 Millimetern Umfang lagern im Nebengebäude. Zum Glück ist es nicht dieses, sondern das andere Nebengebäude, das gegen Ende unseres ersten Einsatzes einen Volltreffer erhält. Da das Feuer auf unser Gebäude überspringt, das ebenfalls bis auf die Grundmauern niederbrennt, müssen wir umziehen. Aber um ein neues Haus und ein neues Kellerloch zu finden, brauchen wir nicht lange zu suchen. Das heißt, wir müssen gar nicht suchen, denn unser Notfallplan sieht das Verlegen in eine zuvor ausgekundschaftete alternative Stellung bereits vor.

Es ist auch nicht so, als habe man uns nicht davor gewarnt, in der ersten Stellung zu bleiben. Das war folgendermaßen: Gerade erst habe ich mit einem blutjungen, schlaksigen Weißrussen mit blondem Flaum am Kinn, der „Matros" gerufen wird, weil er in Polen zwei Jahre auf der Schifffahrtsschule verbracht hat, bevor ihn das Abenteuer lockte und er sich zum ukrainischen Militär meldete, im Laufschritt einen EcoFlow aus der etwa einen Kilometer entfernt gelegenen SPG-9-Stellung herangeschleift, um ihn mit unserem Benzingenerator zu laden, als plötzlich ein Grieche und ein alter Schwede aus meiner Gruppe zusammen mit einem ukrainischen Sanitäter auftauchen. Sie sollen potenzielle Verbandsplätze auskundschaften. Diese Versammlung im Vorgarten unseres Domizils veranlasst eine ältere Frau dazu, ihren Morgenspaziergang zu unterbrechen und uns unter Tränen zu beschwören, woanders Stellung zu beziehen. Das Haus sei nämlich von einer Schamanin bewohnt gewesen, einer sehr bösen Frau. Es bringe Unheil, sich dort aufzuhalten. Wir nicken verständnisvoll und rühren uns dennoch nicht vom Fleck. Diese „böse Frau" muss sich, wie ich am Inhalt der Schränke ablesen kann, wie meine Großmutter gekleidet haben. Ihr Sohn hat offenbar 1982 seine Ausbildung zum Klempner abgeschlossen und zwei Jahre später den Führerschein gemacht. Ob er ihn nicht mehr benötigt? Jedenfalls liegt er mit anderen Habseligkeiten am Boden. An den zahlreichen Familienfotos, die in einem anderen Zimmer den Fußboden pflastern, lässt sich unschwer erkennen, dass offenbar auch Hexen geliebte Großmütter sein können. Neben den Myriaden von Einmachgläsern finden sich in dem Haus außerdem eine Menge Heiligenbilder. Besonders häufig: der Heilige Nikolaus. Sankt Florian, der Schutzpatron gegen die Gefahr des Feuers, wäre vielleicht eine bessere Wahl gewesen.

Bis wir endlich kapieren, dass die meisten Drohnen, die über uns kreisen, unsere eigenen Drohnen sind, vergehen ein paar Tage. Und Nächte. In einer dieser dunklen Nächte, ein junger Schwede und ich richten den Minenwerfer gerade auf ein neues Ziel aus, kommt eine Drohne besonders nah heran, sodass wir Reißaus nehmen. Ich laufe in das nächstbeste Haus, biege in einen unbekannten Gang und falle über einen umgeworfenen Stuhl. Die Landung erfolgt mehr oder weniger sanft zwischen Eimern, Kesseln, Töpfen, Teppichen und Einmachgläsern, die ich zum Glück knapp verfehle. Mehr als eine Beule am Schienbein und eine Prellung am Oberschenkel ziehe ich mir nicht zu. Ein paar Minuten später sind wir wieder am Mörser. Leider können wir wegen Munitionsmangels nicht so häufig schießen, wie wir gerne möchten.

Die meiste Zeit verbringen wir in einem der modrigen Keller und hören den russischen Panzern bei ihrer Arbeit zu. Es knallt ganz unvermittelt, also ohne das dem Einschlag vorausgehende charakteristische Pfeifen von Mörser- und Artilleriegranaten. Etwa zwei Sekunden später hört man die Schrapnelle in der Umgebung gegen Hauswände und andere Hindernisse prasseln. Während unser weißrussischer Vorgesetzter die Flugbahnen verschiedener Granaten berechnet, scrollt sich der junge Schwede, in seinen Schlafsack eingewickelt, durch Marvel-Comics. Draußen hat es 24 Grad und Sonnenschein, weshalb ich die Kellertür einen Spaltbreit öffne und in

Ernst von Salomons autobiografischem Roman *Die Geächteten* zu lesen beginne. Und während ich Sätze lese wie „Plötzlich zerriss ein ohrenbetäubender Krach das Gebelfer der kleinen Kaliber, dann stieg es hinter uns orgelnd und heulend in die Luft, wälzte sich mit infernalischem Gekreisch über unsere Köpfe nach vorn, dass wir uns unwillkürlich duckten unter der Wucht einer schrecklichen teuflischen Macht, und dann hieb es drüben ein, dass der Boden rollte und zuckte und wie gepeinigt stöhnte", liefern sich zwei 120-Millimeter-Mörser ein Duell und feuern die russischen Panzer offenbar wahllos auf Tschassiw Jar. Die Abwürfe von Gleitbomben, die wir in den ersten Tagen noch hören konnten, haben allerdings aufgehört. Auch sieht man keine russischen Jets mehr über der Stadt kreisen. Vielleicht eine Vorsichtsmaßnahme wegen der von den Vereinigten Staaten nun doch nach langem Hin- und Her gelieferten Waffen, unter denen sich auch Fliegerfäuste befinden.

Dafür setzen Putins Truppen mittlerweile wie schon zuvor andernorts Gas ein. Gerade dort, wo der Wald um Tschassiw Jar sehr dicht ist, und um die Ukrainer zum Verlassen ihrer Gräben zu zwingen. Abgefeuert wird das Reizgas offenbar mit dem Mehrfachraketenwerfer BM-21, auch genannt Grad, was „Hagel" bedeutet. Als mein Kumpel Niente und andere Jungs aus meiner Gruppe einen verwundeten Japaner und einen gefallenen Australier bergen sollen, geht ein solcher Hagel um sie herum nieder. Niente ist eine Weile blind wie ein Maulwurf und die Operation Samurai muss auf den Folgetag verschoben werden. Der Japaner wird gerettet. Während ich noch im Zug nach Kiew sitze, erhalte ich die Nachricht, dass

Nientes Bruder und ein junger Franzose, der zuvor eine Zeitlang in der französischen Fremdenlegion gedient hatte, bis es ihm dort zu langweilig wurde, verwundet wurden. Durch Granatenabwürfe mittels Drohnen. Ich selbst werde den Ausgang der Schlacht um Tschassiw Jar nicht hautnah miterleben, da ich den Dienst nach Ablauf von sechseinhalb Monaten quittiert habe. Ein halbes Jahr habe ich gewürfelt. Aus Abenteuerlust und der Ukraine zuliebe, aber ich hänge auch noch ein wenig am Leben. Ende Mai werde ich mit meiner 16-jährigen Tochter auf Fuerteventura surfen, danach wieder einige Monate in Deutschland als Rettungsschwimmer arbeiten. Ob ich mich anschließend gleich wieder in ein Abenteuer stürzen werde, steht noch in den Sternen. Ein bürgerliches Leben sehe ich aber erst einmal nicht auf mich zukommen.

Der Autor

Jonathan Stumpf, 1988 in Richmond, Virginia, geboren, schloss zunächst eine Gärtnerlehre ab, bevor er als Maschinenkadett für eine Hamburger Reederei zur See fuhr. Während eines längeren Landurlaubs verpflichtete er sich als Soldat bei der US-Armee, wurde aber nach der Grundausbildung in Bayern stationiert. Anschließend studierte er in Heidelberg und Cluj (Rumänien) Geschichte und Klassische Archäologie und in Mannheim und Leiden (Niederlande) Geschichte und Religionswissenschaft. Er arbeitet abwechselnd als Decksmann, Rettungsschwimmer und freier Journalist. Am Ukrainekrieg nahm er als Angehöriger der Internationalen Legion teil.

novum VERLAG FÜR NEUAUTOREN

Der Verlag

*Wer aufhört
besser zu werden,
hat aufgehört
gut zu sein!*

Basierend auf diesem Motto ist es dem novum Verlag ein Anliegen, neue Manuskripte aufzuspüren, zu veröffentlichen und deren Autoren langfristig zu fördern. Mittlerweile gilt der 1997 gegründete und mehrfach prämierte Verlag als Spezialist für Neuautoren in Deutschland, Österreich und der Schweiz.

Für jedes neue Manuskript wird innerhalb weniger Wochen eine kostenfreie, unverbindliche Lektorats-Prüfung erstellt.

Weitere Informationen zum Verlag und
seinen Büchern finden Sie im Internet unter:

w w w . n o v u m v e r l a g . c o m